网球技术与教法

罗晓洁 编著

同济大学出版社
TONGJI UNIVERSITY PRESS

内容提要

本书介绍网球的基本技术与教法，内容立足实际，增强针对性，突出创新，满足不同层次学习网球者的需求性，注重教材编写的实效性、实用性。

将网球教学相关的教学内容与教学方法、练习手段和网球竞赛规则作为重点提炼出来，使其无论是在学习初期还是在更进一步的学习过程中，从技术、教学方法和理论知识等方面都简单易懂，对学习网球这项运动有较强的指导意义。

本书可供体育院校网球专业的教师和学生使用，也可为广大网球爱好者提供训练方法和手段。

图书在版编目(CIP)数据

网球技术与教法/罗晓洁编著. -- 上海：同济大学出版社，2016.3
ISBN 978-7-5608-6223-1

Ⅰ.①网… Ⅱ.①罗… Ⅲ.①网球运动—体育教学—教学法 Ⅳ.①G845.2

中国版本图书馆 CIP 数据核字(2016)第 037829 号

网球技术与教法

罗晓洁 编著

策划编辑 戴如月　**责任编辑** 吴凤萍　**责任校对** 徐春莲　**封面设计** 陈韵之

出版发行	同济大学出版社　www.tongjipress.com.cn
	(地址：上海市四平路1239号 邮编：200092 电话：021-65985622)
经　　销	全国各地新华书店
印　　刷	启东市人民印刷有限公司
开　　本	787 mm×1092 mm　1/16
印　　张	9.75
字　　数	243 000
版　　次	2016年6月第1版　2016年6月第1次印刷
书　　号	ISBN 978-7-5608-6223-1
定　　价	38.00元

本书若有印装质量问题，请向本社发行部调换　　版权所有　侵权必究

FOREWORD
前 言

近几十年来,在国内外网球运动发展的影响下,网球运动在高等院校的发展日益形成良好的趋势,参加网球运动的大学师生与日俱增,成为当前我国普通高等院校师生们喜爱的运动项目之一。

通过本书我希望能把我从事网球运动至今所学到的一切都传授给大家,同时也想与大家分享我十多年的运动员经历和二十多年的实践从教经历和经验。此次编写教材,立足实际,增强针对性,突出创新,满足不同层次学生的需求性,注重教材编写的实效性、实用性。本书即可针对高校体育教学,也可面向网球初学者,所面向的学生已从单一的体育教育和运动训练专业发展到各类专业的学生,学习人群的广泛,带来的是教学目标、学习能力、学习需求等方面的不同,这本书我尽量写得通俗易懂,无论是在学习网球初期还是更进一步的学习过程中,都能从本书中获得简单易懂的技术、教学方法、手段和理论知识等,以便于更好地学习并具有较强指导意义,且具有实效性和实用性。

由于上海体育学院是师范类学院,其主要目标是培养体育师资力量,因此,与网球教学相关的教学与教学方法、练习手段,网球竞赛规则应作为重点提炼出来。

依据教材提炼教学内容,选择教学方法,通过教材能够帮助学生选择恰当合理的学习策略,提高学习效果;还可以帮助教师在实际教学中充分发挥教材的优点,弥补同类教材的不足,解决教学中存在的问题,提高教学质量。

本教材还可面向广大网球爱好者,有针对性地提供学习方法和手段。

编 者
2016 年 3 月于上海

CONTENTS
目录

前言

第一章　网球运动基础知识　　1
　　第一节　网球运动发展史　　1
　　第二节　网球基本理论与常用术语　　9
　　第三节　击球基本要领　　14

第二章　国际网球组织与重大国内外赛事　　16
　　第一节　国际网球组织　　16
　　第二节　国际重大赛事　　18
　　第三节　国内重大国际赛事　　23

第三章　网球场地设备与器材　　26
　　第一节　场地设备　　26
　　第二节　器材　　31

第四章　网球打法类型的分类　　35
　　第一节　打法　　35
　　第二节　各类型打法的技术与战术体系　　39
　　第三节　单打战术　　44
　　第四节　双打战术　　54

第五章　网球基本技术与步法　62
- 第一节　握拍　62
- 第二节　网球基本（击球）技术　68
- 第三节　网球基本步法　87

第六章　网球教学方法与步骤　93
- 第一节　基本教学方法　93
- 第二节　球感　97
- 第三节　落地球技术　99
- 第四节　发球与接发球技术　106
- 第五节　截击技术　110
- 第六节　高压技术　112
- 第七节　放小球技术　113
- 第八节　挑高球技术　114
- 第九节　反弹球技术　115

第七章　网球竞赛规则与编排　117
- 第一节　网球竞赛规则　117
- 第二节　网球竞赛编排　124

第八章　网球运动礼仪　131

第九章　国际网球比赛的积分排名方法　133

第十章　世界著名网球选手　136

附录1　142
中国网球运动员技术等级标准

附录2　145
网球分级标准

参考文献　147

01 第一章
网球运动基础知识

通过本章节学习你可以了解到：
(1) 世界网球发展概况,中国网球发展概况及现代网球发展趋势。
(2) 网球拍的历史及网球记分的由来。
(3) 网球基本理论知识(场地、拍面、击球种类、击球时间等)。
(4) 网球常用基本术语和击球的基本要领。

第一节
网球运动发展史

一、世界网球运动发展概况

网球运动的起源及演变可以用四句话来概括：网球孕育在法国,诞生于英国,开始普及和形成在美国,现盛行于全世界。网球是世界第二大球类运动。

网球运动的起源可以追溯到12—13世纪,在法国当时就有用手击打皮革制成的小球,这种类似网球打法的游戏,法语称之为 Jeu de paume,一般认为这种游戏就是网球运动的前身。此后,通过不断地演变,到了15世纪以后就不再直接用手,也不戴手套,而改用木板球拍打球。到了16—17世纪时已经使用穿弦的球拍来打球。

网球运动最早流行于当时法国的宫廷贵族之间,是一种皇家宫廷内供贵族们消遣的游戏。到了14世纪中叶,这种活动从法国传入英国。16—17世纪是英法两国宫廷内网球运动的兴盛时期。

网球运动起源于法国,但发达于英国。是英国人将网球活动由室内移到室外,从此奠定了现代网球的基础。1873年,一个名叫温菲尔德(W. Wingfield)的英国人出版了一本有关这种游戏的书,把早期的网球打法改成为一种夏天在草地上进行的活动,并取名为"草地网球"(Lawn tennis),1874年又进一步确定了场地的大小和球网的高度。从此网球运动稍具规模。Lawn 的意思是草坪,Tennis 之本意在法国为 Tenez(比赛之意),英国人以英语发音而变为 Tennis。在当时,又由于这一游戏主要以宫廷内的贵族为中心,因此又称为 Royal game。

1875年,英国的马利蓝板球俱乐部为这项运动制定了第一部规则。1877年4月全英板球俱乐部正式改名为"全英板球及网球俱乐部"。同年7月,在温布尔顿举办了第一届草地网球冠军赛。当时只有22人参赛,史宾克·高尔赢得了首届草地网球比赛冠军。

大会同时还指定了裁判员亨利·琼斯和一个两人委员会为此次比赛设计制定新的网球计分法,从而改变了原先普遍沿用的板球计分法。新规则规定比赛采用五盘三胜制,运动员在每盘比赛结束后必须互换场地,如果一盘比赛的局数出现5∶5,则下一局的结果将决定此盘比赛的输赢。同时,也将原先的沙漏形球场改变成现今的长方形球场。当时的网柱高度为5英尺,球网中间高为3英尺3英寸。直到1882年,球网的柱高才降低为目前的1.07米。到了1884年,又把球网中间的高度降低为目前的0.914米。

1878年,梅尔斯在比赛中首次引进了过肩发球法。以后,又在经过了一场争辩之后,比赛规则有了革命性的改变,补充规定了运动员在比赛进行中,不得在球未过球网之前进行截击,也不得触碰球网。

在19世纪80年代,几乎可以说是艾尼斯特·瑞萧和威廉·瑞萧两兄弟称霸温布尔顿的时代。他们以新颖而又高超的网前打法,对网球运动的发展产生了深远的影响。尤其是威廉·瑞萧,当时他曾经连得七届温布尔顿男子单打冠军,同时,他也以自己的成就证明了积极上网高压扣杀是当时最强劲的打法,而他也是跳起高压式打法的第一个代表性人物。

1881年,美国草地网球协会成立,并在同年和1887年分别举办了首届男子和女子单打锦标赛。

从1900年开始,草地网球已真正成为一项国际性的运动项目,在许多国家(主要是欧美和澳洲)已奠定下了良好的基础。1912年3月1日,各国网球爱好者推选出代表,成立了国际网球联合会,总部设在伦敦。

1900年8月,英、美两国在波士顿举行首届戴维斯杯比赛,因该奖杯系由当时的美国队员唐威特·戴维斯所捐赠,所以,比赛命名为"戴维斯网球锦标赛"。此后随参加国家的增多,便在各大洲先进行分区预选赛,优胜者再参加决赛。现在已经成为代表世界最高男子团体水平的比赛。

"网联杯"赛则是代表当今世界网坛最高女子水平的团体比赛。奖杯由国际网球联合会在庆祝其成立50周年时所捐献,首届比赛开始于1963年。

1926年,第一届职业网球赛在麦迪生广场举行,一些优秀选手首次开始进军职业网坛。

在第二次世界大战期间,温布尔顿大赛停办,所以,当时一些主要的世界性比赛基本上都在美国继续进行。二次大战以后,取消了草地网球的业余和职业选手的划分,1968年4月,英国草地网球协会力排众议,首先在英国举行了第一次网球公开赛。当时的网坛,主要由美国和澳洲的球员继续称霸,双手握拍打法已成为比赛场上的普遍特色。

20世纪70年代以前,网球比赛采用的是长盘制(每盘局数6平时,一方净胜2局为胜),长盘制的优点是比赛胜负的偶然性比较小,但会常常出现平局无休止延续的现象。如1969年,41岁的高洛利斯与巴萨瑞尔比赛,经过5小时12分钟,112局的拉锯战,最后高洛利斯终于获胜。这种马拉松式的比赛不但使运动员精疲力竭,而且也使观众昏昏欲睡。为了改变这种状况,20世纪70年代初,首先出现的是每当局数出现6平时,第13局采用九分五胜制的"立见分晓"制决出该盘的胜负。经过一段时间的实践,人们感到"立见分晓"制过于刺激,且偶然性太大,特别是当比分为4:4时,任何一方只要再胜一分就获得该盘的胜利。于是又提出过13分7胜制没有平分的设想,但都不太理想。直到1978年,采用了现行规则中使用的决胜局计分制。运动员和观众都感到比较合理和满意。

早在1896年第一届奥运会上网球运动就被列为正式比赛项目,到1920年,奥运会共举行了七届网球比赛。1924年因在技术设备和运动员的资格问题上发生了争执,以后它只进行其单项协会组织的比赛。直到1988年汉城奥运会时,网球才又恢复列为奥运会的正式比赛项目。

二、中国网球运动发展概况

我国网球运动是19世纪后期,由英、美、法等国商人、传教士和士兵作为娱乐活动相继传入的。随之在上海、广州、北京等城市教会中出现打网球的活动,后来在教会学校中也开展起来,最早开展网球运动的学校有北京汇文学校、通州协合学院、上海圣约翰学院、广州岭南学院等。

旧中国的网球竞赛开展的较早,从1910年的第一届到1948年的第七届全运会都设有网球比赛,第三届开始开设女子比赛。1915年至1934年,男子参加了第二届至第八届远东运动会,女子参加了第六届至第十届的运动会的网球表演赛。在第八届远东运动会上,以邱飞海、林宝华为主力的中国队获得了团体冠军。1924年,中国人首次参加四大公开赛之一的温布尔顿公开赛,邱飞海打入第二轮。1928年,中国从旅美学生中选派人员首次组队参加戴维斯杯。1935年,获得第六届全运会的男单冠军,侨居印尼的许承基在1938年代表中国参加温布尔顿公开赛,被列为8号种子选手,这是迄今为止,中国男子球员在世界网坛上取得的最佳成绩。

新中国成立以后,网球运动得到了进一步的发展,尤其是在党的十一届三中全会以后,改革开放使我国的国民经济得以迅速地发展,人民的生活水平不断地得到提高,越来越多的人们加入了网球运动的行列,网球运动得到了迅猛地发展和普及。

1953年,新中国的首次网球赛事在天津举行的四项球类运动会上进行。1956年,举行了全国网球锦标赛,同年10月23日中国网球协会成立,孙耀华任主席,委员13人。随后在中国网协的领导下定期进行有升降级制度的甲、乙级团体赛、单项赛及青少年赛等,并且在每届全运会中都设立此项目。

20世纪60年代初期,由于国家经济困难,又赶上"文化大革命"时期,全国性的网球比赛一度停顿。1972年才逐渐恢复开展活动,国家安排了一些网球比赛,但参与人数少水平较低。

20世纪80年代以来,我国的网球水平提高幅度较快。1980年10月余丽桥在东京女子网球公开赛上获得单打冠军;1981年1月,李心意和胡娜获得美国白宫少年网球锦标赛女子双打冠军;1983年中国男子网球队在吉隆坡摘取了亚洲最高水平的男子团体赛桂冠加法尔杯赛冠军;新中国第一次获得亚运会网球金牌是在1986年的第10届亚运会上,以李心意、钟妮、段丽兰、濮秀芳组成的中国网球女队,以2比1战胜韩国队,摘取了女子网球团体桂冠。李心意夺得女子单打金牌,从而结束了中国选手在亚运会上没有网球金牌的历史。

新中国首次参加联合会杯赛是1981年在日本东京。由余丽桥、王萍、胡娜、李心意组成的中国女子网球队,集中了当时国内最优秀的女子网球手,她们在第一轮比赛中,全胜泰国队,在进入第二轮比赛后,负于澳大利亚队。

新中国首次参加戴维斯杯网球赛是1983年。在马来西亚吉隆坡举行的加法尔杯亚洲国家网球赛上,中国男队的尤伟、刘树华、马克勤连闯三关,先后战胜了印度尼西亚队、日本队和印度队,首次登上了亚洲男子网球团体冠军的宝座。

新中国第一对参加奥运会的网球选手是刘树华和马克勤。他俩曾于1983年获得吉隆坡加法尔杯的男双冠军,两次获得日本草地网球锦标赛双打冠军和日本北海道公开赛冠军,还曾在拉美获得咖啡杯冠军。1988年,他俩首次代表中国参加了在汉城举行的第24届奥运会网球比赛。

进入到20世纪90年代,随着改革开放进程的加快,中国的网球运动也有了质的变化。1990年11届北京亚运会,网球喜获三金;1991年,女队杀入联合会杯团体赛世界组;1993年,夏嘉平获大运会网球赛男单冠军;1994年,成立了中国网球运动管理中心;1995年1月,李芳闯进了世界排名的前50名大关。同年,中国第一份网球运动独立性杂志——《网球天地》问世。中国网球管理中心采取了"走出去,请进来"的方法,每年不定期地邀请国外知名网球专家来华讲课,进行培训,大大增强了国内网球人士的理论知识。同时,也将国内一些有发展前途的年轻选手送到网球发达国家进行短期或长期训练,开阔他们的眼界,国内每年都承办几站国际卫星赛、巡回赛,使选手们有更多的机会与高手较量,积累参赛的经验,一改以往只练不战的局面。

中国首次承办国际网联(ITF)男子网球巡回赛是在1993年6月14日至7月11日,共有15个国家和地区的运动员参赛,排名最好的是一名美国运动员,第348位。中国选手潘兵、夏嘉平、张九华的排名分别是第385、第488、第680位。这是属于国际网联系列比赛中最初级别的比赛。

中国第一届全国大学生网球赛是1994年8月8日在浙江大学举行的,共有来自全国的27所高等院校150多名运动员参赛。浙江大学一队分获得男、女团体赛冠军。

随着新世纪的到来,我们也迎来了我国网球运动的辉煌时刻。2004年,李婷、孙甜甜勇夺第28届雅典奥运会女双金牌,震惊世界;郑洁在法网打入16强;李娜夺得中国网球第一个WTA巡回赛冠军。2005年,彭帅再创纪录:首次战胜世界排名前十名的高手,首次在一级赛事中杀入四强。

2006年1月27日,郑洁和晏紫夺得中国网球界在四大满贯赛成年组双打比赛中的第一个冠军。同年7月9日,郑洁和晏紫在温网决赛中以2比1的总比分击败了苏亚雷兹和帕斯奎尔这对跨国组合,成为首对夺取温网女双冠军的中国组合。李娜连胜世界前十名选手,昂首挺进温网八强;在联合会杯世界组附加赛中,中国女子网球队战胜老牌强队德国队,历史性地闯入联合会杯世界组八强。

李娜不仅是中国第一个获得大满贯单打冠军的选手,放眼亚洲也是开创了先河,无人能及。2011年,李娜在澳大利亚网球公开赛打进个人第一场大满贯单打决赛,夺得女单亚军,并在之后的法国网球公开赛女单比赛中登顶封后,成为第一位获得大满贯赛事单打冠军的亚洲网球选手。2014年澳网获得第二个大满贯冠军,让李娜成了澳网百年历史上亚洲选手首个澳网单打冠军及公开赛以来澳网最年长的单打冠军。在同年2月17日WTA公布的世界排名榜跃居世界第二,创造了又一个亚洲历史。

三、现代网球发展趋势

在现代网球运动中,由于赛事频繁,对抗日益激烈,为了适应这种制约与反制约的规律,球员必须力求技术全面、精细化发展,这是现代网球发展的一大趋势,随着底线型打法逐渐占据网坛的主导地位,步法和体能在比赛中就显得尤为重要。综观网球技术的发展,最突出的特征就是无论是男子还是女子选手,力量速度型选手越来越占有优势。一些防御性的技术在高水平赛事中很难看到,随之而代替的是底线全场运用正手进攻和反手位的正手侧身攻球,扩大了进攻的区域和范围,体现出步法移动的积极快速灵活。反拍击球无论是单手还是双手握拍,都能击出强烈的具有进攻性的上旋球,击球既有速度又有稳定性。技术动作讲究实效更具有个性化,技术运用更细腻和全面,各类击球不但注重击球的速度和力量,而且多与旋转和角度变化结合,提高技术运用的实效性,使技术效能发挥得淋漓尽致。

四、网球记分的由来

love起源于法语的l'oeuf(勒夫),意为鸡蛋,早期网球比赛时,法国人用画一个椭圆来表示一分未得,所以就会用l'oeuf来表示。当网球从法国传到英国之后,l'oeuf就演化成为发音类似的love。关于15、30、40的由来,一种说法是来自时钟,另一种说法是来自天文航海用的六分仪。六分仪与1/6个圆一样,共有60度,每度分成60分,每分又分成60秒。早期的网球赛每局有4分,4个15分为1度。和4个15度构成1/6个圆一样,采用15分基数是为了计算每一分球的得失。至于45变40,则是因为发音的关系。英语中,15,30都是单音节词,45则是双音节,为了报分时的方便,双音节的45就变成了单音节的40。

五、网球拍的发展历史

1. 木拍

14世纪前,网球运动都还是一项用手击球的游戏。到了14世纪,聪明的意大

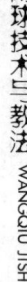

利人用羊皮纸与木料制造了一种与现代网球拍相当类似的"击球工具",两者共同的特点是长的球拍拍颈和水滴形的拍头。大约过了一百年,人们将球拍中间的羊皮改成了穿弦的球拍,也就更类似现在的网球拍。木制网球拍的出现,标志着现代网球的开始。

1874年,英国人沃尔特·C·温格菲尔德所制造的球拍为现代网球拍制定了标准。但在之后的一个世纪中,网球拍的制造技术发展缓慢,拍子的形状、重量等基本上没有太大变化,拍面大约420平方厘米。这个时期的球拍全是木制的,做工粗糙,手感很差。经过逐渐演变,到了20世纪60年代,球拍制造工艺已有了很大的改进,但其所用的材料仍是木头。

2. 金属球拍

1967年,威尔逊体育用品公司将T-2000型轻金属球拍公之于世,标志着木制球拍时代的结束。T-2000型轻金属球拍形状参照当时法国传奇球手赫内·拉科斯特曾经用过的一款木制球拍,看上去像冰激凌甜筒。威尔逊公司称这项新产品为T-2000,但大多数网球爱好者对此并不清楚,而是直接将它称为"吉米·康纳斯拍"——网球名人康纳斯就是拿着这种球拍拿下了5座美国公开赛男单的奖杯。"康纳斯拍"的特点是拉线非常紧,这可以让使用者的平击球达到很高的速度。金属球拍除了材料上的改变外,击球面积也比原来的木制球拍增大了两倍,给予球员更大的击球自由度,并能使他们的技术快速得到提高。此外,金属球拍还不容易开裂和折断。1976年,一位名叫霍华德·海德的网球运动员向世人展示了由王子公司出产的第一种大号球拍。这种球拍由铝合金制成,拍面面积将近是传统木制球拍的两倍,这有助于选手稳定地击球。与此同时,美国俄亥俄州前橄榄球明星泰德也研制出了一种铝合金球拍,其拍面面积比王子球拍(709平方厘米)还大,达到896平方厘米!

由于球拍的飞快发展,使得很多人都不能适应这种变化。此时世界网球协会规则委员会感到手足无措,决定制定新的网球拍规格标准。最终的结果是以泰德的设计为标准:(1)球拍的击球面必须是平的,由弦线上下交替编织或联结组成,其组成格式应完全一致。每条弦线必须与球拍拍框连接,特别是穿线后其中心密度不能小于其他任何区域的密度。弦线不应有附属物或突起物;如有附属物,只限于用以限制或防止弦线的磨损、震动或分散重力,其大小和布置均应合理。(2)拍框和拍柄的总长不得超过81.28厘米(32英寸),总宽不得超过31.75厘米(12.5英寸)。拍框内沿总长不得超过39.37厘米(15.5英寸)。总宽不得超过29.21厘米(11.5英寸)。此后各种球拍都是按照这个标准改进和生产的。

3. 石墨球拍

20世纪70年代末80年代初这一阶段,在网球拍的材料及制造上又有了很大的变化。碳纤维球拍问世,取代了木制及金属拍。碳纤维材料既轻又硬,不易弯,重击效果更佳。80年代中期碳纤维混合材料球拍问世,这种球拍以石墨为主要原料,辅以玻璃纤维、陶瓷和硼等进行制作。其特点是坚硬,质量轻,拍面大,拍线密。

石墨材料的应用使得越来越坚硬的球拍被不断制造出来,以适应击打出更快速、更有力的球来。这场球拍制造技术的革命至今仍然在继续。但是坚硬的球拍及其硬度提高必然降低了球拍的避震和回弹性能,也更容易造成初学者和非力量型选手的手关节和腰背肌肉受伤。需要指出的是,材料的坚硬度是制造球拍所追求的目标,但只有材料坚硬而又弹性适度且有避震系统设计的球拍,才是与网球运动发展相适应的成功球拍。

4. 高科技球拍

当代科学技术突飞猛进,国际上出现了一些新兴科学技术,如微电子技术、空间技术等,逐步形成了一个新兴科技群。这些新兴技术在20世纪末及近十年内,已运用于生产和社会,带来社会生产力的新的飞跃,社会生活出现新的变化,称之为新的技术革命。科技的进步带动了其他领域的快速发展,体育也不例外。新型材料的出现,给网球拍带来很大变化。

近20年来,金属材料和化学材料的高水平提升,为球拍制造奠定了坚实基础。碳纤维、玻璃纤维、克维拉纤维、高张力碳纤维、超刚性碳纤维等材质已大量使用到球拍制造材质之中。现代球拍制造业中已使用了接近宇航工业和军事工业产品的材质。制造商们还试用凯夫拉纤维(防弹衣材料)来制造球拍;又造出在拍框中充水的球拍——他们设想球员挥拍的时候,拍框中的水会随力的方向向击球点附近聚集,这样就可以增加击球时的瞬间冲力;另外,有两个握把的球拍和"电流球拍"也出现在市场上。虽然其中部分设计并未得到普及,但这些大胆的设计也为今后球拍的发展打下了良好的基础。到今天,高性能的球拍已成为各种高新技术的结晶,电脑辅助设计、模拟分析等高新技术手段在球拍的生产和设计过程中已起到了举足轻重的作用。现在的球拍不仅重量轻,而且球拍面甜点区面积大,内有减震装置,在击球力量、控制性和稳定性上均已达到了前人不能想象的程度。球拍在外观也是百花齐放,各有特色。如今球拍和人已经被充分地结合了起来。未来的球拍必将朝着更加科技化、人性化等方向发展。

第二节
网球基本理论与常用术语

一、网球基本理论

1. 球场

网球场地除了可分为室内和室外,同时又可根据其各种不同的球场表面划分为:天然与人工球场,快速、中速与慢速球场,硬地和软地球场等。

左、右场区:通常指击球范围,其左右方向是根据面对球网的双方运动员而言。

正手与反手区:是一种根据击球者持拍手来划分左、右场区击球范围的术语。

底线:击球范围名称。通常指靠近端线附近或在端线后击落地球时的击球范围。

网前:击球范围名称。通常指击球者在靠近球网附近进行截击时的击球范围。

中场:击球范围名称。通常指击球者在靠近发球线附近进行截击或半截击时的击球范围。

2. 站位与准备姿势

站位:指击球者准备击球时的基本位置。

准备姿势:指击球者开始击球前,持拍的方法和身体的基本姿势。

3. 拍面

拍面:球拍的击球部位。由纵横交错地穿织在球拍框上的肠线(目前已很少用),或合成材料制成的弦线组成。

平拍面:指击球时球拍与球碰撞的瞬间,球拍拍面与地面处于接近垂直的位置。

开拍面:又称"仰拍面"。指击球时球拍与球碰撞的瞬间,球拍面与地面的夹角处于一个略微向上而大于90°的位置。

闭拍面:指击球时球拍与球碰撞的瞬间,球拍面与地面的夹角处于略微向下而小于90°的位置。

甜点:系指球拍拍面上靠近拍面中央最富弹性的部位。

4. 击球站位

用时钟的表面可以更好地理解每个站姿。以右手握拍为例：

直角式站位：左脚放在时钟中心，右脚正好指向12点钟的位置。击球者在准备姿势下，转动臀部和肩部，迈步将重心转移到外侧脚上，以支撑向后的引拍动作。击球者的内侧脚向前迈，双脚呈前后站位，在开始挥拍时，将重心从后脚向前脚移动。

开放式站位：左脚放在时钟中心，右脚正好指向3点钟的位置。击球者通过转动臀部和肩部，迈步将重心移至外侧脚上，同时先后引拍，引拍结束重心落在外侧脚上，在开始挥拍击球时重心由外侧脚向内侧脚移动。

闭合式站位：左脚放在时钟中心，右脚正好指向9点钟的位置。通常在大范围跑动中运用，击球者在跑动中就完成引拍动作，在开始挥拍时双脚呈交叉步姿势进行击球（内侧脚在外侧脚前方，呈"剪刀"式）。

5. 击球的种类

落地抽球：网球基本击球方法之一。通常指击球者在球场端线附近，用球拍将对方击来的球，在第一次落地反弹起来后挥击过网的一种击球方法。

发球：网球比赛每一分的开始方法。发球时，运动员必须站在球场端线后面，将球抛起并在球落地之前挥拍将球击到对方场地的对角发球区内。

截击：网球基本击球方法之一。通常指击球者在网前用球拍将来球在未落地之前，凌空"戳击"过网。

挑高球：网球基本击球方法之一。通常是指击球员在端线附近，采用较高的弧度将球回击到对方底线区域的一种击球方法。

高压球：网球基本击球方法之一。通常是指击球员在网前或中场，挥拍将处在肩部高度以上的来球向前下方扣击过网的一种击球方法。

穿越球：通常是指当对方队员上网时，运用快速隐蔽的落地抽球，击出使对方无法拦截的球路，又称作为"破网"。

放小球：通常指击球者运用隐蔽细腻的手法，使击出的球的落点贴网且反弹和前冲力较小。

6. 击球时间

首飞：是指对方击来的球，从过网至第一次落地前的飞行抛物线。

次飞：是指对方击来的球，从第一次落地反弹后至第二次落地前的这一段飞行抛物线。通常这一飞行期又可分为：上升前期，上升后期，高点期，下降前期和下降后期(图1)。

上升前期：是指对方击来的球在第一次落地后，从地面反弹刚上升的阶段。

上升后期：是指对方击来的球在第一次落地后，从上升前期到最高点的阶段。

高点期：是指对方击来的球从上升后期到达反弹最高点的阶段。

下降前期：是指对方击来的球在第一次落地后，从地面反弹至最高期开始下降的最初阶段。

下降后期：是指对方击来的球在第一次落地反弹后，下降到接近第二次落地之前的阶段。

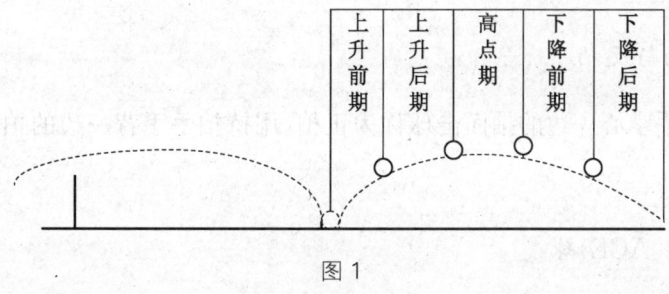

图1

7. 击球点和击球区

击球点：是指击球者击球时，球拍与球接触瞬间的那一点空间位置。通常，它是对击球者所处的相对位置而言的前后、远近、高低的三维空间。但目前也有人认为，击球位置不应是一个点，而应是一块空间，应称作"击球区"更为恰当。

击球区：是对击球位置的另一种称呼。通常是指击球时，从球拍与球碰撞到球飞离拍面这段时间挥拍运动的这一段空间。

8. 击球线路

指球被击出后在球场上空的飞行弧线的投影线。通常有以下一些基本击球路线：正手直线，正手斜线，反手直线，反手斜线，中路直线和正、反手小斜线等。

9. 击球的旋转

上旋球：指击球的过程中，通过带有向上提拉的动作，使被击出的球产生向前的旋转。

下旋球：指击球的过程中，通过带有向下切削的动作，使被击出的球产生向后的旋转。

平击球：指被击出的球基本不带有旋转。

侧旋球：侧下旋球是绕一个斜轴向左后下方或右后下方旋转的球。

10. 球感

指击球者对场上移动之球所具有的速度和空间位置方面的感觉能力，以及击球时通过球拍对求产生的本体感觉能力。

二、常用术语

1. 正拍与反拍

用持拍手掌心一边的拍面击球称为正拍，用持拍手手背一边的拍面击球称为反拍。

2. 爱司（ACE）球

比赛中当接发球员未能触及发球员的有效发球时，发球员获得一次直接得分。

3. 双误

每一分球有两次机会，第一次发球失误，发球员应在同一半区发第二次球，如果失误则为双误，判失分。

4. 赛点（赛末点或场点）

当一名球员或一对球员只需要再得1分就会获得整个比赛的胜利时，他被称为处在赛点。

5. 盘点

当一名球员或一对球员只需要再得1分就会获得一盘比赛的胜利时，他被称为处在盘点。

6. 局点

当一名球员或一对球员只需要再得1分就会获得一局比赛的胜利时，他被称为处在局点。

7. 相持能力

指发球员发出有效发球后,接发球成功未结束一分球而进入对攻或对打等相持时的制胜能力。

8. 脚误

发球时,发球员脚触及端线或站在中点、边线假定延长线上,或通过走动、跑动改变原有位置,判为"脚误"。

9. 长盘制

比赛中,双方各得六局后,须任何一方净胜两局才算该盘获胜。

10. 大满贯

网球运动比赛成绩称谓。1933年由纽约时报记者亨利·基兰首次提出。指一名(单打)或两名(双打)运动员,在同一年获得"四大公开赛"同一项冠军者,被誉为"大满贯"称号。

11. 随球过网

指球拍与球接触点在本方场区,击球后球拍过网,应为合法击球。

12. 过网击球

指来球尚未过网而在对方场区空中击球,应判失分。

13. 触网

在"活球"期间球拍或身体及穿戴的衣服、帽子触网,应判触网球员失分或失误。如第一发球"活球"期间触网则判定失误。

14. 非决胜盘

当一名球员获得本盘比赛胜利时,不能获得整场比赛的最终胜利,称之为非决胜盘。即三盘两胜制的前两盘,五盘三胜制的前三盘为非决胜盘。

15. 致胜球

(就是制胜分)也叫主动得分、强势得分。就是指用很大的力度,或者运用精巧的角度,迫使对方无法防守,或者防守但球拍无法碰到球就得分。

16. 决胜盘

当一名球员获得本盘比赛胜利时,就获得整场比赛的最终胜利,称之为决胜盘。即三盘两胜制的第三盘,五盘三胜制的第五盘为决胜盘。

17. 破发球局

当一名球员在另一名球员发球时赢得该局,就称为破发球局。

18. 非受迫性失误

指有时间准备好的情况下,球员自身主动失误造成回球下网或出界。也可以称为主动失误或送分。

19. 受迫性失误

指球员击出的球迫使对方在没有准备好的情况下进行回击,造成击球失误。

20. 活球期间

球从发球员触球一刹那开始(除非发球失误或重发)到该分结束为止称为活球期间。

21. 平分

双方比分为40:40时,此时称为平分,在这个阶段,首先连续获得两分的球员获得该局的胜利。

第三节
击球基本要领

一、移动步法

网球运动由各种基本技术组成,而这些基本技术又都包含了一连串的动作。网球场上,没有一次击球是在完全相同的情况下进行,场上情况千变万化,需要针对场上不同情况反复使用各项基本技术,将这些基本技术有机地连接在一起的就是步法。步法是球员击球动作的基础,没有合适的步法,球员就达不到合适的击球位置,追不上球、保持不了身体平衡、找不到击球位置。因此,拥有出色的步法能给球员带来很多击球方式的选择,让对手暴露出更多的场地空当。

二、回位

像高水平选手击球后手臂自然随挥一样,他们也知道击球后进行回位。其实他们在击球时就已经开始进行回位。回位时间只是在击球方击球给对手的这段时间,这就意味着击球的速度越快,所需要的回位时间就越短。回位时,双肩面向球网,这点十分关键,一旦判断出对方击球方向,就可以转身移动。必须持有这一信念:"每一次击球后,都要及时回位,为下一次击球做准备。"回位所选取的位置应根据击球方向的不同而有所变化,回位时可采取滑步或交叉步,不知对方来球击向何方时,做步法移动时双肩保持面向前方;一旦判断出来球方向,球员就可以转身交叉步向来球移动。

三、引拍时机

后摆引拍是整个击球动作的开始,与观察球是相辅相成的,只有准确地观察到来球,动作才能相应地与之配合,引拍时机掌握的是否恰当,对能否击好球是至关重要的。引拍越早,击球时间越充分。应做到判断出来球朝左边或右边飞来时,就准备开始做引拍动作。

四、保持平衡

要想打好球,不单是靠手臂控制击球,由于速度、力量的加强,更主要的是靠身体重心稳固。这样击球时保持身体平衡就非常重要了。而要想保持身体平衡,首先前两个要素能做到,应该在移动到来球位置准备击球时,身体已稳定下来,总是处于匆忙之中击球,会降低了回球的质量,另外,保持球拍头的稳定也是必要的。

第二章
国际网球组织与重大国内外赛事

> 通过本章节学习你可以了解到：
> （1）国际网球联合会（ITF），世界男子职业网球协会（ATP），国际女子网球协会（WTA），三大网球组织及其职责。
> （2）国际与国内的重大赛事。

第一节
国际网球组织

一、国际网球联合会

国际网球联合会（ITF）筹建于1911年。当时草地网球正在世界上迅速发展，一些设有国际协会的国家迫切需要一个国际机构负责协调和组织国际比赛。1913年3月1日，有12个国家的代表在巴黎举行了全体会议，正式宣告国际网球联合会成立。最初有12个成员国。至1990年初，在国际网联注册的已有156个网球协会。中国网协1980年被接纳为该组织的正式会员。

其重要职责是负责有关网球比赛的一切事务，负责制订网球规则；为发展中国家的网球教练开设培训班；协调世界青年、成年和老年的网球比赛。1980年，ITF成立了国际网联基金会，筹集资金，建立了许多有助于比赛和服务设施的公司，在发展网球运动中发挥了作用。1985年，成立了医疗委员会，负责对参赛队员进行药物检查。同年成立了资格审查委员会，负责审查参赛者的资格，规定了青少年选手参加职业比赛的年龄。

国际网球联合会的任何决议都是由管理委员会通过全体会议制定的,每两年改选一次,除执行主席和执行副主席外,其他委员均为名誉身份,管理委员会中必须有大满贯所在国的代表,并且至少有一名来自亚洲、南非、巴拿马运河以北国家的代表和两名欧洲的代表组成。1989年起,增加了一名来自非洲的代表。高级官员总部设在伦敦,包括执行副主席及常务委员和督导,负责男子网球、女子网球、财政发展和管理部分的官员,国际网联通过这些部门的日常工作,将决议贯彻执行和实施。

常务理事会中的正式会员都来自网球运动发达的国家,而且具备参加戴维斯杯和联合会杯的比赛资格。若一个国家想成为正式会员,须在向常务理事提交申请三年之后,才能得到批准.该理事会由网球会员代表组成,通过常务会,制定下一年国际网联的工作计划。国际网联所负责的传统赛事有四大公开赛及戴维斯杯、联合会杯、奥运会网球赛和世界青年比赛等。

二、世界男子职业网球协会

世界男子职业网球协会(ATP)是世界男子职业网球选手的"自治"组织机构。1972年成立于美国公开赛之时。其任务是协调职业运动员和赛事之间的伙伴关系并负责组织和管理职业选手的积分、排名、奖金分配以及制定比赛规则和给予可取消参赛选手资格等工作。从1989年开始,由它负责主办除四大公开赛和戴维斯杯之外的所有男子职业网球赛事。80年代以来,职业网球以空前的速度在发展。于是各种形式的大奖赛、表演赛层出不穷。由于国际网联对这些赛事安排不当,使职业球员疲于奔命,他们越来越不满,最终出现了以"球员工会"自居的国际职业网联,即ATP。

20多年来,ATP主要做了两件大事:一是进行排名榜的改革。前ATP负责人马克·迈尔斯是一位经验丰富的体育经纪人,为了提高赛事的水准,他首先改革了沿用多年的平均体系排名法。该排名法是从1973年开始使用的,其主要弊端是使一些优秀网球选手每年参赛的次数急剧下降。1990年,ATP转变为经营实体的ATP TOUR之后,对原有的男子排名系统进行了调整,摒弃了按平均分排名的方式,改为累加"最好的14项比赛的积分"来排名。2000年,ATP TOUR更名为ATP之后,推出了并行使用的两套积分排名系统:冠军排名系统(Champion Race,CR)和52周参赛排名系统(改为Entry System,后来又改为Entry Ranking, ER)。冠军排名系统是将男子职业球员在4大公开赛、9项大师赛、大师杯赛和其他5项成绩最好的赛事中获得的积分累加起来,确定球员世界排名。同时,并优化原有的52周排名制度,球员所有比赛都将被累积,并取消了额外奖励分,大大精简了计分方式。

ATP做的第二件大事就是实施"超级巡回赛计划"。自从ATP改用新的排名法和调整了比赛日程后,职业网坛一片繁忙景象,同一时间世界各地会同时举办几起赛事,可谓热火朝天。可时间一长,问题也暴露出来了,由于高级别的选手分别参加不同的赛事,他们之间的交锋次数自然就减少了;另外,过多的比赛和排名榜的压力使得许多球员超负荷运转,导致伤病和弃权现象的增加,致使比赛水平下降。水平不高的比赛会降低观众的兴趣,失去观众就意味着失去市场,基于这些原因,一个"超级巡回赛计划"诞生了。这个计划的口号是"以少促多",即以减少赛事来提高比赛的质量。他们将原有的11项最高水平的赛事减至9项,以其为基础组织超级巡回赛,这些赛事的总奖金额从60万美元至200万美元不等。在选择赛事时,职业网联充分考虑了场地、资金、观众等因素,使9项赛事能充分展示男子职业网球的各种不同风格。

三、国际女子网球选手协会

国际女子网球选手协会(WTA)是世界女子子职业网球选手的"自治"组织,机构成立于1973年,总部设立在佛罗里达的圣彼得斯堡。其主要任务是组织职业选手的各种比赛,管理职业选手的积分、排名、奖金分配等。WTA的工作都是代表职业球员的利益,保证所有的职业球员都能有机会参赛并发挥其水平,协调赞助商与赛事主办者之间的关系,推动女子网球运动的发展。

WTA设立了一所网球学院,每个想成为职业选手的运动员都要参加该院的学习,这样有助于她们对自己选择的事业及在今后网球职业生涯中要遇到的问题有一定的了解,为事业的起步打下良好的基础。

WTA所负责的比赛包括除联合会杯和四大公开赛以外,还有每年举行的各级女子职业巡回赛及年底的总决赛,并根据运动员的积分决定排名。

第二节
国际重大赛事

国际上网球的赛事最多也最频繁。目前,影响最大、水平最高的国际网球赛,除奥运会外,有温布尔顿网球公开赛、美国网球公开赛、法国网球公开赛和澳大利亚网球公开赛,以及戴维斯杯网球赛、联合会杯网球赛及霍普曼杯网球赛。

这七项著名赛事中,前四项为单项比赛,各设男、女单打、双打和混合双打五个冠军,俗称世界"四大网球公开赛"。后三项分别为男、女和混合团体赛。这七项比赛都得到国际网联的正式承认,每年举行一次。所不同的是"四大公开赛"以个人名义参加,设高额奖金,而戴维斯杯、联合会杯和霍普曼杯则以国家和地区为单位参加。

一、戴维斯杯

由国际网球联合会主办的国际网球男子团体赛,于1900年在美国波士顿举办第一届,当时仅美国和英国参加。现每年举行一次。其中因两次世界大战停办10年:1915—1918年、1940—1945年;1901年、1910年也因故未办。

比赛赛制为先在各大洲分区进行预选赛,优胜者再参加决赛。1981年开始采取分为两级的升降比赛的办法。

第一级:有16个队参加,称为世界组,其成员是前一年世界组比赛的前12名和第二级四个分赛区的第一名。世界组的比赛采用单淘汰制。

第二级:分为欧洲A、B区,美洲区和东方区四个赛区,也采用单淘汰制,获得这四个赛区的第一名的队,参加次年世界组的比赛,非洲区虽然也有比赛,但不作为一个单独赛区。

无论哪一级的团体赛,比赛都是三天。第一天两场单打,第二天一场双打,第三天两场单打,先赢三场方为胜方。

二、联合会杯

联合会杯始于1963年,是国际网球联合会主办的国际网球女子团体赛,为纪念其成立50周年而举办的。第一届比赛是在伦敦的女子俱乐部举行的,联合会杯每年进行一次。现规定参加者超过32个队时,进行预选赛,正式比赛按32个队抽签,采用淘汰制。

联合会杯网球赛仿效戴维斯杯赛的比赛方法,实行"联合会杯新赛制",由上年联合会杯赛四分之一决赛的8个队组成世界组,其余8个组成为A组。这两组的比赛采用一次主场和客场的比赛方法。

在世界组中，第一轮获胜的4个队进行半决赛，失败的4个队和A组获胜的4个队进行比赛，比赛获胜的4个队进入下年的世界组。A组第一轮失败的队同各区中获胜的队进行比赛，然后由4支获胜的队进入下年度的A组比赛。4支失败的队则参加下年度的区级比赛。

世界组A组的比赛采用五场三胜制，第一天进行两场单打比赛，第二天进行两场单打比赛和一场双打比赛，双打放在最后进行。

三、霍普曼杯

霍普曼杯是世界网球混合团体赛。创始于1988年，是以澳大利亚网坛传奇人物霍普曼（Harry Hopman）的名字命名的。第一届有8支球队参加了淘汰制的比赛。每队派男女选手各一名，进行男单、女单和混双三场比赛，每场比赛采用三盘两胜制。目前杯赛由淘汰赛改为分组循环赛，两个小组的第一名争夺冠军。1996年霍普曼杯被国际网联（ITF）正式承认为官方的世界混合团体赛。

四、温布尔顿草地网球公开赛

温布尔顿草地网球公开赛也称为"全英草地网球锦标赛"，创办于1877年7月，每年的6月底至7月初举行比赛，为期两周。其初创时只有男子单打一个项目，1879年增加男子双打，1884年增加女子单打，1913年增加女子双打和混合双打。其最初仅英国运动员参加，1901年后报名资格不受国籍限制，以运动员在国际重大比赛中的成绩为依据，也允许一些运动员参加预选赛。现行规定参加正选比赛的名额：男女单打分别为128人，男女双打分别为64对。至2015年，因两次世界大战停办10年（1915—1918，1940—1945）外，已举办了129届。

五、美国网球公开赛

其历史仅次于温布尔顿公开赛，创始于1881年，每年的8月底至9月初，在美国纽约举行比赛。1968年被列为四大公开赛之一，是一年中最后举行的四大公开赛。由于美国网球的地位和高额奖金，以及中速硬地场地，吸引众多好手参加。它的影响虽比不上温布尔顿公开赛，却高于澳大利亚甚至法国公开赛。

六、法国网球公开赛

始创于1891年,比温布尔顿公开赛晚14年,通常在每年的5月至6月举行,是继澳大利亚公开赛之后,当年第二个进行的公开赛。开始法国公开赛也只限本国人参加,到1925年以后对外开放,成为公开赛。法国公开赛规定每场比赛采用5盘3胜淘汰制,而罗兰——卡罗斯球场属慢速红土球场,利于底线对抗,所以一场比赛打上4个小时是习以为常的。因此在这样的球场要获取优胜是不易的,球员要有超人的技术和惊人的毅力。获该赛事男子单打锦标最多的是瑞典选手博格,他在1974年至1981年的8年中,6次夺冠。1989年的法国公开赛,17岁的美籍华裔选手张德培爆出80年代最大冷门,他先后挫败伦德尔和埃德伯格,成为这个公开赛最年轻的单打冠军,也是获此殊荣的第一位亚洲血统选手。而埃弗特在1974年至1986年的12年间,曾7次夺标,创造了这个公开赛的纪录。

七、澳大利亚网球公开赛

始创于1905年,是四大公开赛最后创建的赛事,但却是每年最早开始比赛的,于每年的1月底至2月初在澳大利亚的墨尔本举行。1968年国际网球职业化以后它被列入四大公开赛之一。

在世界网球比赛中,除了以上的七大赛事以外,还有许多其他的比赛活动。

八、ATP世界锦标赛(年终总决赛)

ATP世界锦标赛的前身是"世界网球大师杯赛",由国际网联在1970年创办,在每年的年底举行。这起赛事实际上是全年的网球大师赛的总决赛。网球大师杯赛诞生于1999年12月9日,这一天,四大满贯赛委员会、ITF和ATP共同宣布ATP年终总决赛和男子大满贯杯赛将不再继续,取而代之的将是一项新的赛事——由三个组织共同拥有的男子职业网球巡回赛的年终总决赛——"网球大师杯赛"。参赛人数限定为8人,即年终排名世界前8位的选手才有资格参加。如果有选手因伤缺席,则排名8位以后的选手依次替补。8名选手分为两组,在各组内进行单巡回赛。根据小组赛的战绩确定小组名次,每个小组的前两名交叉进入半决赛。这种赛制使高手之间尽可能地多交手,保证比赛的公正性。

2008年在上海举办的网球大师杯赛是历史上最后一届网球大师杯赛,2009年起,网球大师杯赛更名为"ATP世界巡回总决赛",且移师英国伦敦。

九、大满贯杯

所谓"大满贯杯赛",是由国际网球联合会发起主办的又一世界大赛,它要求在澳大利亚、法国、温布尔顿和美国四大公开赛中获得好成绩的高手(计前16名)才有资格参加比赛。首届"大满贯杯赛"是在1990年举行的,当时曾以总奖金600万美元创下了职业网坛的记录。

十、国际计分排名赛

国际计分排名赛,是由国际职业网联组织的有奖金、有积分、有排名的比赛,亦称ATP和WTP排名赛。这类比赛可分为发展巡回赛、卫星赛、卫星巡回赛、挑战赛、大奖赛、大师赛和大满贯赛。

十一、奥林匹克运动会网球赛

网球作为一项历史悠久的竞赛项目在1896年第1届希腊雅典奥运会上就被列为八大比赛项目之一,也是唯一的球类比赛项目,只设有男子单打和男子双打项目。

到1928年第8届奥运会上,由于国际网联与国际奥委会在职业运动员和业余运动员的理解上发生分歧,已经连续七届奥运会都进行的网球比赛被取消,网球运动离开了奥运会大舞台。经过国际网联与奥委会的协调,1984年,网球被列为第23届美国洛杉矶奥运会的表演项目。1988年汉城奥运会网球被列为正式项目,终于重新回到奥林匹克大家庭。

十二、"大师杯"系列赛(超九赛事)

2000年男子职业网球协会、国际网联和四大公开赛的组委会进行商讨将ATP世界锦标赛和大满贯杯两赛合二为一,诞生了大师杯赛。基本以ATP世界锦标赛为模版,唯一的重大改变就是为推动世界各地网球的发展,比赛地点不再固定而采用类似奥运会的申办方法。因此,我们看到了2000年葡萄牙的里斯本、2001年澳大利亚的悉尼及2002年在我国上海举办的大师杯。赛事分别为:太平洋人寿保险公开赛、纳斯达克公开赛、蒙特卡罗公开赛、意大利公开赛、德国公开赛、蒙特利尔或多伦多公开赛、辛辛那提公开赛、斯图加特公开赛和巴黎公开赛。

十三、WTA 年终总决赛

首届 WTA 总决赛在 1972 年美国佛罗里达州的博卡拉顿举行,奖金为 10 万美元,创造了当时女子赛事奖金额的最高记录。WTA 年终总决赛,是国际女子网联在每年年末定期举办的一项国际顶尖女子网球赛事。每年 WTA 巡回赛中年终世界排名前 8 位的单打选手和前 8 位的双打配对选手自动获得参赛资格。

在 1972 年到 1986 年期间,该项赛事都在每年三月举行。此后由于 WTA 决定将每年赛季改为 1 月至 11 月,总决赛也被改在每年的年末举行,因此,1986 年的 3 月和 11 月举办了两次 WTA 总决赛。1979 年至 2000 年期间,这项赛事一直都在美国纽约的麦迪逊广场花园举行。2001 年 WTA 年终总决赛比赛场馆迁到德国慕尼黑的奥林匹克体育馆,奖金总额提高到 300 万美元。从 2014 年开始至 2018 年的 WTA 年终总决赛将在"狮城"新加坡举行。

第三节
国内重大国际赛事

一、上海大师杯赛

大师杯总决赛在世界各大城市轮流举行,也在上海掀起了一阵网球热潮,回首 2002 年上海大师杯总决赛,当年网坛"八大天王"聚首上海滩,为中国观众奉献了一场惊心动魄的争夺战。

上海在 2002 年、2005 年、2006 年、2007 年和 2008 年都举办过大师杯赛,上海和 ATP 的合同到 2008 年结束。大师杯移走之后,上海将开始承办 ATP 大师系列赛上海站的比赛,并成为亚洲首个 ATP 大师系列赛的举办城市,即上海 ATP 1000 网球大师赛(上海劳力士大师赛)。

ATP 1000 上海大师赛是一项日常巡回赛,赛制安排更为复杂,规模也远超仅有 8 名单打选手和 8 对双打选手参加、作为年终总决赛的大师杯。

二、中国公开赛

中国网球公开赛创办于2004年,每年一届,定期在北京举行。赛事同时拥有国际男子职业网球协会、国际女子职业网球协会和国际网球联合会等三大国际网球组织的赛事举办权,是亚洲地区设置最全、级别最高、参赛球员最多的国际网球赛事。比赛项目有WTA女子单打,WTA女子双打;ATP 500男子单打,ATP 500男子双打和国际青少年组比赛。

赛事奖金共108.5万美元:ATP奖金50万美元,WTA奖金58.5万美元。

三、广州国际女子网球公开赛

广州国际女子网球公开赛是WTA职业巡回赛国际级赛事,作为WTA全球54站分站赛之一,从2004年起开始在中国广州举行,是一项总奖金额为22万美金的WTA国际巡回赛,每年的9月中下旬举行。

作为全年最后一站大满贯赛事美国网球公开赛之后,亚洲赛季揭幕的第一站,赛事级别并不高的广州国际女子网球公开赛很难吸引大牌选手前往参赛,而这也成就了不少二、三线选手力争实现个人职业生涯处女冠的最大机会。

四、武汉公开赛

武汉网球公开赛与多哈、罗马、蒙特利尔、辛辛那提并肩成为WTA超五巡回赛。

也是继北京中国网球公开赛、上海大师赛之后,国内级别最高的网球赛事,从2014—2028年,每年9月在武汉举行。赛事奖金总额为240万美元,冠军积分为900分。比赛时间安排在每年9月底,在广州国际女子网球公开赛之后,中国网球公开赛之前一周举行。

五、深圳公开赛

深圳公开赛从2014年开始在中国深圳举办,这也是中国第一个和唯一的ATP 250级别赛事。锦标赛的举办地点为深圳龙岗体育中心,总奖金为59万美元。下设单打、双打比赛,分别将有 28 名单打和 16 对双打选手参赛。以深圳公开赛为起点至十月国庆前后,大批世界一流男子网球选手将在紧密相连的 3 周内转战深圳、北京和上海,为中国和亚太观众呈现密集而精彩的比赛,从而形成 ATP 史上首个"中国赛季"。

03 第三章
网球场地设备与器材

通过本章节学习你可以了解到:
(1) 单、双打网球场地和不同场地的类型和特征。
(2) 球拍与球拍的选择,球与拍弦。

第一节
场地设备

一、场地

场地是一个长方形,长 23.77 米(78 英尺),单打场地宽 8.23 米(27 英尺);双打场地宽 10.97 米(36 英尺)。

场地中间由挂在绳索或钢丝绳上的网分开,该绳索或钢丝绳应跨在或附着在两个 1.07 米(3 英尺 6 英寸)高的网柱上。球网应充分伸展开填满两个网柱之间的空间,网孔的大小以能防止球穿过为宜。球网中心的高度应该是 0.914 米(3 英尺),并且用中心带向下绷紧固定。一条网带将绳索或钢丝绳与球网的上端包裹住。中心带和网带应为白色。

- 绳索或钢丝绳的最大直径为 0.8 厘米(1/3 英寸)。
- 中心带的最大宽度为 5 厘米(2 英寸)。
- 网带每一边的宽度不得小于 5 厘米(2 英寸)也不能大于 6.35 厘米(2.5 英寸)。

双打场地上,网柱的中心应距离双打场地边线各 0.914 米(3 英尺)。

单打场地上如果使用单打网柱,两网柱的中心应距离单打场地边线各 0.914 米(3 英尺)。如果单打比赛在双打场地上进行,球网应该由高 1.07 米(3 英尺 6 英寸)的两根单打支柱支撑,单打支柱的中心距离单打场地边线各 0.914 米(3 英尺)。

- 网柱边长为不超过 15 厘米(6 英寸)的正方形方柱或直径为 15 厘米(6 英寸)的圆柱。
- 单打支柱为边长不超过 7.5 厘米(3 英寸)的正方形方柱或直径为 7.5 厘米(3 英寸)的圆柱。
- 网柱、单打支柱的顶端不能超过网绳顶端以上 2.5 厘米(1 英寸)。

球场两端的界线叫做端线,两边的界线叫做边线。

在球网的两侧距离球网 6.40 米(21 英尺)的地方画一条与球网平行的、连接两单打边线的线叫做发球线。球网两侧、发球线和球网组成的场地被发球中线分为两个相等的区域叫做发球区,发球中线应与单打边线平行并处于两单打边线平行的中间位置。

每一条端线由一条长 10 厘米(4 英寸)发球中点分成两等份,该中点与单打边线平行,从端线向场内画。

- 发球中线和中点的宽度为 5 厘米(2 英寸)。
- 场地上的线除端线的最大宽度可以达到 10 厘米(4 英寸)以外,其他所有的线的宽度均应大于 2.5 厘米(1 英寸),而小于 5 厘米(2 英寸)。

所有的测量都应到线的外沿为止,场地上的所有线应相同颜色,并且明显不同于场地的颜色。

场地、球网、中心带、网带、网柱或单打支柱上均不得有广告,如安放广告必须遵循以下要求:

(1) 球网上广告只能放在距网柱中心 0.914 米(3 英尺)内的球网上并且不干扰运动的视觉或影响比赛的条件。

(2) 球场的两端或两边可放置广告、其他的商品标志或物品,只要它们不干扰运动的视觉或影响比赛的条件。

(3) 在球场表面界线外可放置广告、其他的商品标志或物品,只要它们不干扰运动的视觉或影响比赛的条件。

(4) 除上述(1),(2),(3)所列,任何广告、其他的商品标志或物品放置在网上、球场两端或两边、球场表面界线外,不得包括白色、黄色或其他的淡颜色,以便不干扰运动的视觉或影响比赛的条件。

(5) 在球场界线内不得做广告、包括其他的商品标志或物品。

二、球拍

球拍的击球面必须是平的,其弦线组成的格式应完全一致。中心密度不能小于其他任何区域的密度。在交叉的弦外边可安置振动减弱设备。拍框和拍柄的总长不得超过 81.28 厘米,总宽不得超过 31.75 厘米。拍框内沿总长不得超过 39.37 厘米,总宽不得超过 29.21 厘米。拍框包括拍柄上的附属物或设备只限用于限制或防止拍框和拍柄的磨损、振动、分散重力,其大小和布置必须合理。拍框包括拍柄和弦线,不应有任何可使运动员实质上改变其球拍形状和改变其重力分配的设备。

三、球

比赛用球外部需要由纺织材料统一包裹,颜色为白色或黄色,接缝处需无缝线痕迹。用球的尺寸需要符合的要求(球的检测在规则三中有具体说明),重量要介于 2 盎司(56.7 克)和 $2\frac{1}{6}$ 盎司(58.5 克)之间。在从 100 英寸(254 厘米)的高度向混凝土地面作自由落体运动时,反弹的高度应该介于 53 英寸(134.62 厘米)和 58 英寸(147.32 厘米)之间。当在球上施加 18 磅(8.165 千克)的压力时,向内发生弹性形变应该介于 0.22 英寸(0.559 厘米)和 0.29 英寸(0.737 厘米)之间,压缩后反弹形变的范围应该介于 0.315 英寸(0.8 厘米)和 0.425 英寸(1.08 厘米)之间。这两种形变数据应该是以球的三个轴测试后得到的平均值。在每一种情况下任何两个数据之间的差异不能大于 0.03 英寸(0.076 厘米)。

如果在海拔 4 000 英尺(1 219 米)的高度进行比赛,就需要采用另外两种特殊用球。第一种是除弹跳高度要介于 48 英寸(121.92 厘米)和 53 英寸(134.62 厘米)以外,还要使球的内压大于外部气压,其他方面则与上面的描述完全相同,这种球通常被称为增压球;第二种球除弹跳高度要在 53 英寸(134.62 厘米)和 58 英寸(147.32 厘米)之间外,还要使球的内压大约等于外部的气压,并且能在指定的比赛场地的海拔高度保持 60 天以上,其他方面则与上面的描述完全相同,这种球通常被称为零压球或无压球。

所有关于球弹跳、尺寸和形变的测试,都需要符合国际网球联合会的规定。

国际网球联合会将对任何关于某种球或样品是否符合上述标准,或是否可以被批准用于比赛的问题进行裁决。这种裁决有可能是国际网联本身主动进行的行为，也可以依据所有真正感兴趣的人或包括任何选手、器材生产厂商或国家网球协会，以及她们的会员的申请来进行。这类申请与裁决应该按照国际网联的审查与听证程序来进行。

（ITF 说明：所有按照本网球规则进行的比赛中所使用的网球，必须列在由国际网联颁布的ITF 官方批准用球的名单上。）

四、场地类型

网球场地种类按材料主要分为：草地、红土（也称泥地）、硬地这三种，硬地的种类比较多，材料有混凝土，木质地板和人造草地等等。不同的场地有着不同的球速和弹跳，根据球的速度和弹跳球场分为快速球场和慢速球场。红土被视作慢速球场，球速慢，反弹高，比较适合底线型球手。硬地和草地上球速快，反弹低，被视为快速球场，比较适合发球上网型的球手，而发球强力的球员更有优势。

众所周知，以每年最受大家关注和欢迎的四大满贯为例，比赛场地各不相同，如闻名遐迩的温布尔顿草场，法国罗兰加洛斯美丽的红土场，而澳大利亚网球公开赛和美国网球公开赛虽然均采用硬地球场，但是在球速和球的弹跳等方面也略有不同。至于其他每年分布世界各地的大大小小的比赛，则都根据各自不同的特点和需要采用不同的球场供运动员进行比赛。当然世界上的球场类型多彩多样，甚至在一些地方还存在着质地非常怪异的球场，但常见的网球场地主要有以下几种：

1. 草地球场

草地球场又分为天然草场和人造草场。

（1）天然草地球场

这是历史最悠久、最具传统意味的一种场地。由于其对草的特质、规格要求极高，而适宜的草籽又不具备良好的适应性，加之气候的限制以及其需要极周到、细致的保养与维护，费用昂贵，所以此种球场很难被推广到世界各地。目前每年的屈指可数的几项草地网球赛事几乎都是在英国和荷兰举行，且时间集中在 6，7 月份，四大满贯之一的温布尔顿公开赛是其中最古老也最负盛名的一项。天然草地球场的特点是球落地时与地面的磨擦小，球的反弹速度快，对球员的反应、奔跑速度、奔跑技巧等要求非常高，同时球员也利用此特点大打"攻势网球"，发球上网、随球上网等各种上网强攻战术几乎被视为在草地网球场上致胜的唯一法宝，底线型选手在草地网球场常常无功而返。

但是近年来由于全英俱乐部为了提高草皮的耐用度,将原来采用的圣草逐渐更换为黑麦草,在一定程度上加强了球落地后的反弹高度,比赛节奏也因此变慢,使得比赛更具有观赏性。

(2) 人造草地球场

这是天然草场的仿效物,其结构有点儿像地毯,只不过底层是尼龙编织物,其上栽植的是束状尼龙短纤维,为保持纤维的直立性,纤维之间以细砂为填充物。这种场地需要平整、坚固的基底,附设有良好的排水结构,并且,因其白色界线是与周围场地直接拼编在一起的,所以免去了许多诸如划线等维护上的麻烦,也使其成为了全天候场地的一种,维护者只需经常梳平整理并适时增添其间的细砂就可以了。人造草地在性能上和天然草地有很大不同,球速明显不如在天然草地上来得快,当然诸如球的弹性不高、容易改变方向,场地比较滑等这些特点人造草地还是和天然草地有共通之处的。

2. 红土或泥土球场

这类球场统称为"软性球场"。此类场地不是非常坚硬,地表铺有一层细沙或砖粉末,特点是球落地时与地面有较大的磨擦,球速比较慢,球员在跑动中急停急回时会有很大的滑动余地,这就决定了球员必须具备比在其他场地上更出色的奔跑、移动和换方向能力。值得一提的是,红土场地虽然造价比较低,但保养和维护起来却是相当麻烦的,平时它需要浇水、拉平、划线、扫线,雨天过后它需要平整、滚压等,打球的人更应该对场地及场地上的一切设施备加爱护,而且对于球员来说,这类场地也比较"毁鞋"。

3. 硬地球场

这是最普通和最常见的一种场地了,经常打网球的人没有不熟悉此种场地的。它一般由水泥和沥青铺垫而成,其上涂有各种漂亮的颜色的颜料或铺有一层高级塑胶面层,其表面平整、硬度高,球的弹跳非常有规律,但球的反弹速度很快,平时易于清扫和维护,基本上用不着很精心的照顾。许多公共网球场都采用这种硬地球场。需注意的是硬地不如其他质地的场地弹性好,初学者在其上练球时应加强对自己的保护,特别是膝、踝关节,否则由于初学者奔跑、移动的方法可能不尽正确,地表的反作用又很强很僵硬,所以比较容易对一些部位造成伤害。

4. 合成塑胶球场

此种场地的材质与塑胶田径跑道的材质属同类,它以钢筋混凝土或其他类似的材质结构为基底,表面铺撒的是合成塑胶颗粒,其间以专用胶水相粘。这种场地的弹性及硬度依塑胶颗粒的大小、铺撒的紧密程度及其本身的特质而定。其特点相比于硬地球速更快,球的反弹力前冲力更加迅猛。塑胶场地颜色艳丽、管理方便,室内外皆可铺设,也是可供选择的理想的公共球场。

5. 网球地毯球场

这是一种"便携式"可卷起的网球场,其表面是塑胶面层、尼龙编织面层等,一般用专门的胶水黏接于具有一定强度和硬度的沥青、水泥、混凝土底基的地面上即可,有的甚至可以直接铺展或黏接于任何有支持力的地面上,其铺卷方便,适于运输且有非常强的适应性,室内室外甚至屋顶都可采用。球的速度需视场地表面的平整度及地毯表面的粗糙程度而定。在保养上此种场地也是非常简单的,只要保持地面清洁,不破损、不积水就可以了。

网球因为场地的不同诞生了各种不同的打法,网球的各种技术都在不同场地上有勇武之地。场地的差异在减少,但红土的魅力依旧是让人目眩的脚法和一个个落点精准的底线球。草地上精彩的上网截击也永远让人心动。不过从全世界整体趋势来看硬地逐渐成为网球的主流。

第二节 ☞
器材

一、球拍

由拍线穿入拍框的边缘点或连结拍线与拍框的边缘点组成的拍线式样的主要区域,无论大小,必须平坦的、由连结在拍框上的线组成的一种式样,拍线在交叉的地方应该是相互交织或相互结合,拍线所组成的式样应该大体一致,特别中央的密度不能小于其他区域的密度。

拍框的设计和穿线应使球拍的两面在击球时的性质保持一致。拍线上不应该有附属物和突出物,除非该附属物仅仅用来限制或防止线的磨损、撕裂或振动。而且它的尺寸及安装位置必须是合理的。

拍框的总长度,包括拍柄,不得超过 29 英寸(73.7 厘米)。拍框的总宽度不得超过 12.5 英寸(31.7 厘米)。击球面总长度不得超过 15.5 英寸(39.4 厘米)和总宽度不得超过 11.5 英寸(29.2 厘米)。

拍框包括拍柄和线上不能有任何可能从实质上改变球拍形状或改变球拍纵轴方向的重力分布从而使挥拍瞬间的惯性发生变化、故意改变任何物理性质从而在一分球的比赛中影响球拍表现的装置。在球拍中或附在球拍上不得有改变或影响球拍特性的能量来源。

二、球拍的选择

通常在球拍上,生产厂家都将标明该球拍的重量、握柄号数和最佳穿弦磅数等数据(表1,表2)。同时,球拍又根据拍面的大小,有大拍面、中拍面和小拍面之分。

选购球拍之前,除了要根据自己的经济条件以外,首先你必须了解自己的体能状况、技术特点和喜好打法等,再深入了解各种球拍的性能,从中找出适合自己使用的球拍。当你对所选球拍的重量、握柄尺寸、平衡度等各方面都比较满意时,那弹性如何就是主要的问题了。对于大多数球员来讲,中等弹性的球拍是比较理想的。通常,球拍拍框的硬度选择和球员的力量和打法类型有关。

表1

规　格	重量(克)
L(轻型)	369 以下
LM(轻中型)	369～383
M(中型)	383～397
T(重型)	397 以上

表2

握柄号数	握柄大小
L1	$4\frac{1}{8}$ 英寸(105 毫米)
L2	$4\frac{1}{4}$ 英寸(108 毫米)
L3	$4\frac{3}{8}$ 英寸(111 毫米)
L4	$4\frac{1}{2}$ 英寸(114 毫米)
L5	$4\frac{5}{8}$ 英寸(117 毫米)

三、球

球的外表是用纺织材料统一制成,颜色应该是白色或黄色。如果有接缝,应该没接线。比赛用球分为三类:类型1(快速)球用在慢速球场;类型2(中速)球用在中/快速球场;类型3(慢速)球用在快速球场。

有一种以上的球可用,球必须符合表3的要求。

表3

	类型1 (快速)	类型2[(1)] (中速)	类型3[(2)] (慢速)	高海拔[(3)]
重量	1.975~2.095盎司 (56.0~59.4克)	1.975~2.095盎司 (56.0~59.4克)	1.975~2.095盎司 (56.0~59.4克)	1.975~2.095盎司 (56.0~59.4克)
尺寸	2.575~2.700英寸 (6.541~6.858厘米)	2.575~2.700英寸 (6.541~6.858厘米)	2.570~2.875英寸 (6.985~7.303厘米)	2.575~2.700英寸 (6.541~6.858厘米)
弹性	53~58英寸 (135~147厘米)	53~58英寸 (135~147厘米)	53~58英寸 (135~147厘米)	48~53英寸 (122~135厘米)
[(4)]向内变形	0.195~0.235英寸 (0.495~0.597厘米)	0.220~0.290英寸 (0.559~0.737厘米)	0.220~0.290英寸 (0.559~0.737厘米)	0.220~0.290英寸 (0.559~0.737厘米)
[(4)]反弹变形	0.265~0.360英寸 (0.673~0.914厘米)	0.315~0.425英寸 (0.800~1.080厘米)	0.315~0.425英寸 (0.800~1.080厘米)	0.315~0.425英寸 (0.800~1.080厘米)

注:(1) 这种球可以是有压球或无压球。在海拔高度4 000英尺(1 219米)及以上的地方比赛时,无压球有内压并且内压不得超过1磅/平方英寸(7千帕)并且在规定的比赛海拔高度或高于该海拔高度存放60天。
(2) 这种球也可用在海拔高度4 000英尺(1 219米)以上的任何球速的场地。
(3) 这种球是有压球,只用在海拔高度4 000英尺(1 219米)以上的比赛中。
(4) 这两种变形的数据应该是从球的三个垂直轴方向测试后得到的平均值。任何两数据之间的差异不得超过0.30英寸(0.076厘米)。

四、拍弦

网球拍的击球面是由弦线在球拍框架上横竖交替编织组成。目前,球拍弦线主要由天然肠线和人造(尼龙)弦线两种。天然肠线系用羊、牛或猪的小肠制作,肠线与尼龙弦线相比能更好地保持张力,同时还更好地吸收冲击和震动,球在拍线上停留的时间比合成弦更长(俗称持球时间),较能控制球的旋转,颇受大多数专业选手的喜爱,但价格比较贵且牢度较差。相比较而言,尼龙弦线在击球时虽然没有肠线那种良好的感觉，但它较为经济和耐用。

如果是初学者，建议还是购买或编织中等松紧程度弦线的球拍，约 55 磅左右为宜。一般来说，弦线太紧，不利于击球的稳定性，并且会增加手臂受伤的可能性。当然，如果是具有多年球龄的选手，那又另当别论，可以根据个人的喜好来选择。

第四章 网球打法类型的分类

> 通过本章节学习你可以了解到：
> (1) 打法的概念与单、双打打法的分类。
> (2) 各种打法类型的特点。
> (3) 各种打法类型的技战术体系。
> (4) 单打战术的特点和比赛常用的几种战术；不同比赛情况下使用战术的原则。
> (5) 双打战术的特点和比赛常用的战术；双打比赛常用的战术组合。

第一节 打法

一、打法的定义

在网球运动中是指运动员技术与战术的组合形式称之为打法。组合形式结构的不同称之为打法的类型。

二、各种类型打法的演进过程与特点

打法的基础是技术，所以各种类型打法的不断演变及发展是受技术发展制约的。技术发展主要受两个因素的制约，第一是受规则的制约，第二是受器材的制约。

1873年英国少校温菲尔德第一次将古式网球设计成一种户外的男女都可以从事的网球运动,这项运动的球场中间窄(6.40米),两端宽(9.10米),两条边线各长18.28米,网中央的高度为1.42米,网柱高度为1.52米。在这种网中央比较高的场地上进行打球,很难打出速度很快,弧线很平的球,所以,近代网球初期广大爱好者的打法是很单调的,只用力量和角度的变化作为进攻手段,防守型打法占上风,谁打得稳、失误少便可赢球。

在1877年,规则又发生了变化,球场是一长方形的场地,长23.77米,宽8.23米,发球区长7.92米,网中央高度为0.99米。这是由于球网中间的高度降低,使击球的弧线可以降低而能过网,击球的速度比以前快了一些,球员在稳打的基础上,加强了击球的力量,使球具有一定的攻击性。

1878年,规则和场地又有所修改,增加了双打,场地两边各增加1.37米,球网中央高度为0.914米。球网的降低为速度的增加创造了条件,使击球的速度又有了新的提高,但真正使击球速度加快的因素是器材的改革。

所谓器材主要是球拍、拍弦。最初球员用的是木质球拍,100年前,球拍是手工制造的。由于木头内在结构的限制,球拍只有达到一定的厚度才能承受一定的外力,然而,球拍变厚就意味着重量要增大。所以球拍的重量几乎达到一磅(0.5千克)。使用这么笨重的木质球拍,击球方式的选择只有限的几种:大力将球打向底线;或者通过削球来控制节奏。即当对方上网时,将球削到对手的脚下或上旋球穿越。20世纪40年代从杰克·克莱默(Jack Kramer)开始,发球上网打法成为一种主要的打法,尤其是在快速球场,如草地和硬地球场。由于木质球拍需要长距离、流畅的挥拍,穿越球的难度非常大,因此这一打法非常有效。20世纪70—80年代,网球拍出现了两种新的进展。一种是利用新的合成材料和太空材料,霍华德·海德(Howard Head)成功地设计并推广了一种超大拍头的球拍。这种新的材料轻且结实。球拍不再受球弦张力的限制,增加了球拍的弹性,减轻了球拍的重量,使球员获得更快的拍头速度,也可使球产生更多的旋转,旋转不仅能提高控球,还可以使球急速下降或落地后急速上升,增加对手回球的难度。该球拍具有轻、弹性大的特点。由于球拍的变革,打法也发生了变化,从发球上网或耐心地与对手周旋,变化为在场上任何位置都可以打出稳定的、大力的球,大力发球和进攻型接发球则没有太大的变化,球拍的变革使男子的发球速度通常在120~130英里/小时,女子也可达到100~120英里/小时。最常用的打法还是大力一发,造成对手接发球质量下降,然后下一拍直接得分。

在球拍制造上,高科技的应用使球拍的结构更加科学,球拍的外形更加美观,球拍的功用更加良好,不仅有利于球员发挥技术,而且能使球员的肌体得到保障、防止损伤。球拍的改革加上各种高级的材质制成的网弦,使击球力的传导在瞬间几乎达到了完美的程度,促进球员的技术水平有了很大的提高,发球速度的增加、击球速度的加快,使网球运动发展到一个新的阶段。力量型外加智慧型的球员将统治网坛,谁的爱司(ACE)球多,谁移动的速度快,谁的底线、网前杀伤力强,谁的头脑灵活,谁就能称霸网坛。

三、打法的分类

1. 单打打法分类

1) 上网型打法

是指利用网前进攻为主要得分手段的打法。主要可分为发球上网和随球上网。发球上网是一种先发制人的打法。发球员利用大力的平击发球或弹跳高的上旋发球,有时也利用发球落点的变化,造成对方回球的困难,随即快速移动到离网较近的位置,以截击球或高压球取胜。随球上网打法:利用双方在底线对攻相峙时出现质量不高的中场球,果断地抢点抽击随后上网。上网型打法要求具有:良好的发球技术,把握随球上网的时机,网前判断能力优异,脚步启动的爆发力。

这种类型打法的球员具有善于结合使用两种击球(发球上网截击、随球上网截击)和快速向前移动的能力。他们一发的成功率和质量高,力求逼迫对手回击球质量不高,然后再通过网前截击和高压技术为主要得分手段。这种打法通常在快速场地比在慢速场地发挥得更好。这是一种先发制人的打法类型。善用这种打法的运动员,通常都身材比较高大,而且具有较出色的发球和网前截击技术,较好的速度和力量素质,性格多数比较外向,与人比赛一般不爱恋战,喜好速战速决。

2) 底线型打法

是以正反手抽击球为基础的打法。可凭借快速、凶狠的底线抽击,准确、稳定的线路变化,迫使对手在场上疲于奔命从而失误。要求击球逼深、逼角度,将平击和旋转球交替运用。这种打法多在底线对攻,很少主动上网,故耐力、敏捷的步法、击球落点等成为取胜的重要因素。此打法又可分跑动型底线打法:其特点是具有良好的步法及耐力,意志顽强并具有灵活的头脑。由于移动是其特长而技术少有威胁,因此缺少主动得分的手段。进攻型底线打法:上旋发球技术稳定;接发球预判能力和手感非常优异;正反拍击球都具有很强的杀伤力。底线的优异突显出网前预判能力的缺乏。

此种类型打法的球员靠近底线抢点(提前)击球,以底线抽球的速度、节奏、旋转和落点变化来争取主动,善用这种打法的运动员,通常具有非常扎实的底线抽击球技术和快速灵活的移动能力,比赛中,主要凭借自己快速、凶狠、准确和稳定的底线抽击,迫使对手在场上疲于奔命而失误。采用这种打法的运动员,比赛中一般很少主动上网截击,只是在对方打出一个比较浅的球时,才"随击"上网进攻。一般在红土场地上比赛时更为有利。

3) 全能型打法

指运用各种技术进行攻击和防守的打法。要求既能在底线来回击球,又能创造或不失网前得分的机会;当对方上网时,能击穿越球;对击球较浅时也能随机上网,依靠灵活多变取胜。这类打法要求技术全面均衡,在场地的任何地方都能将球处理好。全面型打法优势:发球时采用平击与上旋结合所制造的线路和旋转可以给对方直接威胁;在网前具有良好的预判能力;在跑动中也能得心应手地完成击球技术;掌控场上节奏的能力卓越。

采用这种打法类型的运动员通常都具有比较全面的技术,且没有明显的弱点。而且在实战中都比较善于随机应变地运用各种技、战术,在各种性能的球场上都能较好地发挥出自己的技、战术水平,取得比较好的成绩。

2. 双打打法分类

1) 双上网型

此阵型的主要特征是:发球或接发球后采用上网战术,网前截击能力较强,步法灵活快捷,进攻意识较强。

此战术的根本目的是利用强有力的发球和接发球技术积极创造一切机会和条件抢先占得上网时机后,在空中截击来球,抢占有利的攻势,并利用速度与落点变化创造得分机会。

2) 一底一网型

此阵型的主要特征是:技术比较全面、均衡,无明显漏洞。根据分工的不同,网前球员抢攻意识要强,利用站位给对方击球施加压力,底线球员利用正反拍的进攻,落点与击球节奏的变化,为网前球员创造抢攻或得分机会。

此战术的根本目的是利用底线落地抽球的速度、力量、落点和旋转变化,积极调动对方获得场上主动,为网前球员创造抢攻和得分机会。

3) 综合型

此阵型的主要特征是:球员的技术比较全面,能攻能守。除底线正、反拍击落地球技术比较好以外,还掌握较好的中前场技术、发球、接发球技术,穿越球能力也比较强,根据对手的不同打法、不同特点,能采取不同的应对战术。

此战术的根本目的是战术灵活，变化多变，有时能采用双上网的打法，以快、狠为主要手段，占有前场有利阵势，为已方创造抢攻机会得分。有时也能采用一前一后的打法，底线球员利用快速、多变的正、反拍技术，控制、调动对方，为网前球员创造抢点进攻和得分的机会。在接发球时能采用双底线打法，以守为主，守中反攻，伺机取得比赛的胜利。

4）澳大利亚型

此阵式的主要特征是：发球时，在网前的发球方队员，站立在发球员的同一侧，发球员则站立在中点附近发球。发球员发球后，立即跑向对角线上网去封截在基本阵式中原由网前队员负责管辖的那半片场地。

此战术的根本目的是迫使对方分散注意力，改变原来习惯的击球方法和节奏，使得他们不能按原来所习惯的回击斜线球来进行接发球，而逼他们打不擅长的直线接发球。由此而见，澳洲阵式主要适合针对于不擅长于进行直线接发球的选手而用。

澳大利亚式站位是指在双打中，发球方队员以一前一后的形式，站在场上接近已方场地中间线位置的站位组合方式。这种站位会给接球方造成压力，破坏接发球的节奏，为发球方的发上和抢网创造有利条件。

采用此站位战术时，发球方的一发一定要有较高的成功率，如果是二发则应尽量避免使用澳大利亚式站位，因为二发的威胁性相对于一发有所降低，所以，接球员有可能对来球有很好的预判，从而失去比赛的主动权。运用这一站位前，要事先和同伴交流，确定发球的落点和抢网与不抢网的安排。

5）双底线型

此阵型主要特征是：发球或接发球质量不高，对对方的威胁性较低，两名球员均留在底线，利用底线抽球的速度、力量落点和旋转变化降低被动局面。

此战术的根本目的是在比赛不顺利时采用防守性站位，然而，这种站位可能会改变比赛的进程，优点是降低发球或接发球劣势时的压力，使同伴不会在网前处于被攻击的状态。在比赛中起到过渡、稳定战局与以守为攻的作用。

第二节
各类型打法的技术与战术体系

综观当今世界网坛，现代网球技术多趋向于攻击性，战术也随之不断变革，加上器材的改变，一些过去较难掌握的技术也变得更加容易，因此现代网球打法最明显的特征就是：底线型打法占据了当今网坛的主导地位。其主要原因是球员个人能力的提高和技术的进步与发展，底线型打法球员的底线正反拍技术均衡，击球的落点深、成功率高，能打出落点准确的穿越球，破网能力强；快速积极的跑动为自己争得了许多攻击对方的机会。网球战术也有了一定的变化。

  在传统的战术理论中，底线对攻型、发球上网型是两种主要的战术打法，并认为发球上网型主动性强，是网球的发展趋势。但是近年来随着球员在身高、力量、速度、线路、落点等身体形态、身体素质和技术等各方面的全面提高，网球项目的战术也发生了很大的变化。首先，发球上网的战术受到了遏制，这是由于运动员的击球速度大大增加，在底线能够打出各种大角度的斜线球和直线穿越球，大大限制了运动员发球后上网的可能性。其次，由于底线进攻威力的增加，底线打法又重新受到重视，但是这种底线打法不是以前的单纯底线打法的回归，它更加注重以大力发球和击球线路的变化造成对方回球失误或创造良好的进攻时机，同时也不失时机地进行上网封杀，目前世界优秀选手大多都采用这种底线为主、结合上网的新战术。综合型打法应该是现代网球打法发展的方向，但由于技术要求全面、细腻，目前这类打法的人数很少。底线技术又是各种打法的基础，无论是在哪种球场上底线型打法都有获得比赛胜利的机会，相比综合型打法局限性及上网型打法的片面性其发展的空间更广泛。

一、技术体系

  网球属于隔网对抗项目，从技术上可以分为制约性和非制约性技术。制约性技术是指在比赛过程中，球员的技术使用会受到对方来球力量、速度、弧线、落点、旋转等要素的限制，它又可分为进攻性、控制性和防御性3大类。非制约性技术是指球员技术的使用不受对方任何影响，即发球。在隔网类对抗项目中，进攻性技术一般指球员充分发挥人体能力，通过速度快、力量大或旋转强的高质量击球，迫使对方击球失误的技术。控制性技术是指球员没有进攻机会，通过落点、弧线或旋转等变化控制对方，以寻求下一次进攻机会的击球技术。防御性技术是指对方进攻时，球员以求抑制对方进攻或减少本方失误所使用的击球技术。这些技术的划分是相对的，许多进攻性技术同样可用于防守。

  网球中最具特色的是发球，比赛中每一分球都有两次发球机会，一发失误不被判失分，可进行第二次发球。发球可通过旋转、落点、角度和速度等变化，破坏对方正常的击球动作，从而完成本方的战术意图。

  网球其他各项技术大都包含两种击球形式：落地或凌空击球，同一项技术由于球拍与球接触时击球位置及击球时间等的变化,可产生多条击球路线。

网球技术分类从不同方面探索各项技术的特点与共性规律。分类的目的是为了更好地运用网球技术分类体系,指导运动实践,从而促进网球运动的发展。科学的分类可使人们对网球运动体系有一个直观的了解,有助于人们区别网球运动技术主体内容并正确把握认识这些内容,更深刻地去认识各类战术行动及相互间的关系。网球技术体系见图2。

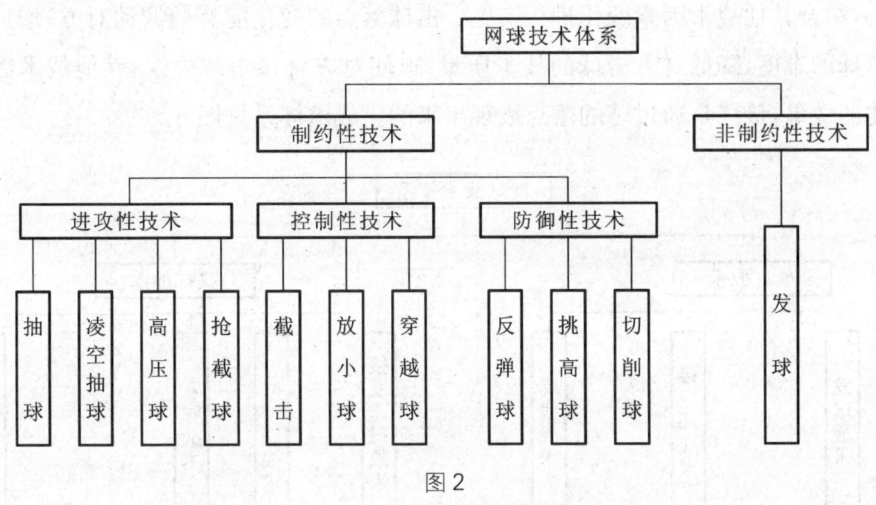

图2

二、战术体系

网球属于隔网对抗性项目,无论是进攻技术、控制技术,还是防御性技术均能得分,据相关研究表明球员的得分多数来源于对方的击球失误(受迫性失误,非受迫性失误),而不是本方运动员击球进攻直接得分。

网球项目的战术体系较为复杂,战术分为单打战术和双打战术。单打战术包括发球战术、接发球战术、底线战术;双打战术包括发球局战术、接发球局战术。战术的特点是通过技术、落点、线路、弧线、速度、力量、旋转和节奏等因素的组合来实现的。

网球项目中发球技术是战术实施的开始,球员可以有意识地通过不同种类的发球,如不同旋转、落点、速度与节奏的球,与后续相应的战术行为相衔接,以达到克敌制胜的目的。由于发球所具有的"主动性"、"进攻性"和"隐蔽性"的战术特征,使它在网球比赛中占据着及其重要的地位。接发球的战术意义有两点:一是破坏对方发球的意图;二是为本方后续的战术使用或组织实施创造条件。接发球本身并不包括在隔网对抗项目的技术体系中,即没有特定的接发球技术,在技术体系中的任何一项技术(除发球、网前截击外)均可接发球。同时接发球又与其他技术运用有较大的区别:由于发球动作的"隐蔽性"或"欺骗性",接发球时运动员对旋转、落点和速度的判断要难于其他技术的击球动作;接发球时可以根据个人技、战术的需求,预先选择一个最佳的击球位置。双打比赛的接发球比单打比赛接发球难度更大。

隔网项目的网球运动的各种战术特征是,以击球落点和线路的组合与变化为核心,结合其他战术因素变化进行实施。击球落点的变化能有效调动对方,增加对方击球的难度,降低对方击球的技术质量,迫使对方直接击球失误;其他战术因素变化的效果,最终是通过球的落点表现出来的。战术体系见图3。

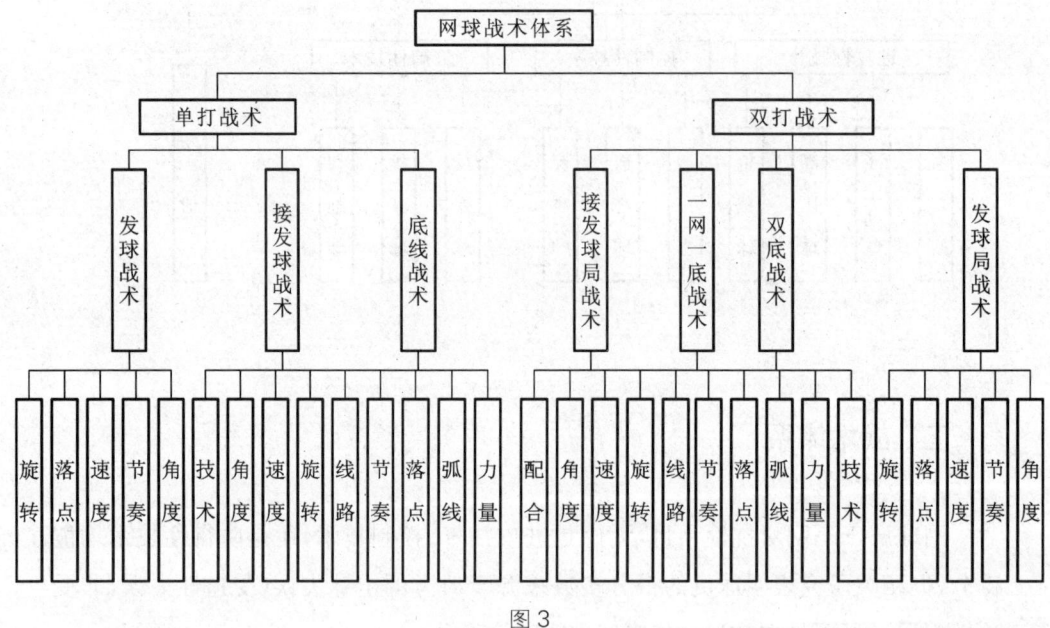

图3

三、战术与技术之间的关系

网球技术是指符合人体运动的科学原理,在遵循竞赛规则允许的范围内,充分发挥身体潜在能力,有效地完成动作的合理方法,是网球比赛中,为了一定目的的专门动作方法的总称。

在网球比赛中,运动员的智慧、技能、素质、气质等,都是通过网球技术所表现出来的。衡量一个运动员掌握和运用各种技术动作的能力,主要看他在完成各种技术动作时,是否具有准确性和实效性;在各种困难和复杂条件下,完成动作时是否具有相当的稳定性;在激烈的对抗过程中,是否具有良好的控制能力和应变能力。虽然网球的技术多种多样，方法也各有不同，但在动作结构上却有着共同的规律。一个完整的网球技术应该包括：选位准备→反应起动→移动到位→挥拍击球这样四个环节。所以，在平时的训练实践中，必须对其中任何一个环节都予以高度的重视。否则必然会对该技术在实践中运用的质量产生十分不利的影响。

网球战术是指运动员在比赛中，为表现出高超的竞技水平和战胜对手而采取的计谋和行动。

任何战术的目的都是为了更好地发挥本方队员的技术特长，制约对方特长的发挥，控制和掌握比赛的主动权，从而争取比赛的胜利。战术一般是有战术思想、战术意识和战术行动所组成。

一场比赛的胜负，在很大程度上取决于正确的战略与战术。网球比赛的战略是研究网球比赛全局规律性的问题。网球比赛的战术是研究网球比赛中具体攻守方法的问题。从整个全局来看，战略占主导地位，战术应该服从战略的目的。而战略目的的实现又直接取决于战术任务能否顺利地完成。所以，它们之间既是从属关系，又是依存关系。必须相互适应，相辅相成。

组成网球战术行动的基本要素是技术、战术方法和战术形式这三个方面。

技术是队员进行比赛的手段。一个队员掌握的技术越全面、熟练、准确和实用，那么他的战术的运用和实现就越有保证。因此，战术必须建立在熟练和准确地掌握一定数量和质量的技术动作前提下，通过队员在比赛实践中，伺机在一定的时间和空间的条件下，合理、灵活地组合运用才能实现。

所以，就它们二者的关系而言，技术是战术的基础，是组成战术所必不可少的基本要素。先进的技术必然促进战术的发展与变化，而战术的不断发展与变化，同样又反过来促进原有技术的更新与发展。它们之间同样也存在着相互联系、互为影响、共同发展的辩证关系。

战术的方法是战术行动的核心部分，是战术的具体内容。

因为，技术虽然是战术的基础，是组成战术所必不可少的基本要素。但并不等于只要将技术简单地、杂乱无序毫无目的地凑合在一起使用就能形成战术。恰恰相反，在比赛实践中，只有将各种技术有意识地按一定的程序有机地、合理地组合在一起运用，才可能真正地发挥技术的战术作用，从而达到战术的目的。

因此，战术方法是运动员在比赛中，为了完成具体的攻守任务而制定的行动程序。它包括运动员在比赛中对技术动作的选择与组合，动作的时间，攻击或防守的地区和范围等具体内容。实质上，战术方法也就是进攻或防守的准备、组织和完成的过程。它既依赖于队员的技术运用能力，同时也需要有一定的形式来保证它的实现。

战术形式是战术方法的外部表现。任何战术方法都有它自己的外部表现形式,一定的战术形式也必然反映一定的战术内容。

技术、战术方法和战术形式,这三者之间存在着密切的联系,都是形成战术行动缺一不可的基本要素。一个运动员只有当他掌握了各种基本技术,以及它们之间的有机组合,那么他在比赛中选择不同打法的可能性也就愈多,技术的运用能力就能得到发挥,战术的灵活性也就愈强。同样,一个运动员对战术方法和战术形式的选择和运用,也必须考虑和符合该队员的实际技术水平。

第三节
单打战术

一、单打战术

单打比赛注重的是击球的方式,主要通过几种击球方式的组合赢取比分的方式。两位球员随意地站在各自半片球场上,比赛中富于变化,因为相对开阔的空间提供了更开阔的移动范围,而比赛中的各种变化,也将左右比赛的结果。

单打战术的特点:
* 移动
* 爆发力
* 发球和非受迫的截击
* 击球方式的组合
* 根据自身强项和弱项制定的战术

1. 发球战术

为了在比赛中能使你的发球发挥出更大的威力,在技术上你必须要努力做到:
(1) 尽可能提高发球的成功率,把失误减少到最低点。
(2) 力争做到能精确地控制好发球的落点。因为准确性是理想发球的最重要条件,它是能否发出落点多变的发球(这对于提高发球威力是至关重要的)的先决条件之一。
(3) 尽可能发出落点比较深的球。
(4) 增加发球的旋转和力量。

而以下一些基本方法也同样会对对方的接发球增加一定的困难：

(1) 将球发向对方接发球能力较弱的一侧（多数情况下是发向对方的反手）为主，结合突袭其另一侧。

(2) 当对方的注意力集中在两侧时，突袭"追身"发向中路。

(3) 变化发球的节奏。

(4) 有目的地变化发球后第三拍的打法，使对手在接发球时还要时时地琢磨和观察你的意图，从而降低他接发球的质量。

(5) 利用假象（如站位等）来迷惑对方，掩饰自己发球的真实意图，达到出其不意的效果。

(6) 在第一发球区（右发球区）发球时，利用切击式发球将对手较大幅度地"扯"出场外。

2. 接发球战术

1) 当对方第一发球后上网时

(1) 快速前迎将球从球网的中央切击到对方的脚下。

(2) 借力打一个直线或小斜线穿越球。一般情况下后者比前者更安全一些。

(3) 如果对方上网很快的话，用下旋球技术吊一个高球到对方的后场。

2) 当对方第一发球后不上网时

最好的方法是先回击一个弧度稍稍高一些，落点深一些的球。尽量减少一些不必要的失误。

3) 接对方第二发球时

(1) 在第一发球区，可伺机侧身用正拍回击对方发往中场的球来加强进攻。

(2) 回击对方一个深球或角度大的球，并跟随上网截击。

(3) 有意让出自己较强的一侧，增大对方发球时的心理压力。

3. 底线战术

此战术主要是通过击球落点、线路刁钻多变，且快速而有深度的落地抽击球，重复调动逼压对方底线两角，从而迫使对方出现失误，或造成其被动后再伺机作出更有力的攻击。

在具体的运用上主要又可分为：

(1) 攻底线随球上网截击战术：先运用快速多变的底线落地抽击球来调动逼压对方，当对方回击出一个无力的浅球时，立即"随击"上网占据有利的截击位置，运用截击或高压球结束战斗。

(2) 攻底线放近网小球战术：先运用快速多变的底线落地抽击球来调动逼压对方，使其较远地退离端线，然后伺对方注意力集中在后场或已无能力顾及网前之机，突然运用正、反拍下旋技术，或网前短坠截击放出近网短球，使对方出乎意料救球不及。但是，此战术如果运用不当，反而可能给对方有可乘之机。成功与否的关键，首先在于放近网短球的时机是否运用得当，其次是有无熟练运用高质量的放近网短球的技术，这需要在击球中具有很好的控制球的能力。由于在实战中放近网短球具有一定的危险性，所以，一般主要用来对付那些网前技术较差且又喜欢留在底线抽击的球员，以及那些脚步移动比较缓慢的球员。

(3) 重复逼角突袭变线战术：先多拍重复逼压对方一侧，然后伺机变线突袭。实战中通常是先攻对方较弱的一侧，但有时也可根据对方的技战术特点和比赛场上的实际情况灵活运用。

(4) 对角线球路战术：由于对角线球路具有击球路线最长、在球网的最低处过网和有利于自己击球后处于场上比较有利的准备位置等特点。因此，如在底线对攻实战中采用以回击对角线球路为主的战术，通常比较有利于击球的稳定性。如果你的底线多拍击球的攻击能力与稳定性强于对手，一般可选择这种战术与其对抗。

(5) 破坏对方击球节奏的战术在实战中，每一个球员都有其自己所最擅长的击球节奏，破坏对方的击球节奏，这历来是比赛中双方为争夺场上主动权的主要环节。你可结合运用以下方法来达到这一目的：

• 在击球的过程中不断地改变击球的方法（这里主要讲的是击球的旋转变化）。

• 在击球的过程中不断地改变击球的落点和弧度。

• 在击球的过程中伺机合理地变化自己击球的动作速度。

• 在比赛过程中合理地变化每一回合之间间歇的节奏。

4. 中场战术

中场区域是最重要也是最难掌控的区域。可根据来球的高度采用击球的方式有以下几种：

(1) 当球弹跳低于球网时，可以采用向前跑动中随球上网。

(2) 当球弹跳高于球网时，可以采用压制性正反拍击球获得这一分的胜利。

(3) 以上两种情况出现时，采用假动作，放小球扩大场上优势获得这一分的胜利。

5. 常用战术组合(在五种比赛情况下使用的战术)

1) 发球

情况一:一般情况

通用的原则:

- 利用发球从一开始就控制局势。
- 对自己的发球具有信心。
- 变换发球位置和目标,使对方捉摸不定(20%的情况下可达到此目的)。

情况二:一发

通用的原则:

- 通常将球击向对手弱的一侧。
- 不要忘记发追身球。
- 不要用力过大,通常用70%～80%的力量即可。
- 要稳,方求一发70%的成功率。
- 如是大力发球,上网截击。
- 如用中等力量发球(不靠发球得分),但有角度,球路明确,则跑至反手一侧,用你的绝招(正手击球)侧身击球。
- 如一发很弱(防守型发球),待在后场,等候对手回球,估计会击向你最弱的一侧。

情况三:二发

通用的原则:

- 要稳:二发100%的成功率。
- 用你的二发进行攻击。
- 不要忘记发追身球。
- 不要发短球。宁可发深球失误,不可发近网球。
- 变换旋转和速度。
- 如发球好,向前移动或上网截击,或跑向反手一侧,侧身正手击球。
- 如二发很弱(防守型发球),留在后场,等待对手回球,回球可能击向你最弱的一侧。

情况四:球路、旋转等

通用的原则:

- 变换发球,使对手捉摸不定。
- 如是关键分,发追身球。

- 关键分时,用发球的角度对付双手握拍左右击球的对手。
- 根据场地类型采用旋转发球。
- 发左区时,发外角侧旋球,发右区时,发中路侧旋球。
- 发平球时,发左右区的内角。
- 发上旋球时,发左区的内角,发右区的外角。
- 留心对手是否是左手握拍或双手握拍击球的选手。

情况五:发球上网截击

通用的原则:

红土地:作为一种不寻常的打法令对手感到意外。

- 快速型场地:多数情况下,利用一发进攻得分。
- 当对手接发球时,快速向前移动截击或快速跨步。
- 沿可能的回球线路移动上网。
- 发球时,坚持发内角,或发追身球,越深越好。
- 变换你发球的落点。
- 关键分时,你又是二发,发球上网截击不失为出奇制胜的一招。

情况六:发球后击落地球

通用的原则:

- 发球后用正手进攻。
- 发球后移至左侧和中央位置(右手握拍型选手)

2) 接发球

情况一:一般情况

通用的原则:

- 让对手打。处理好接发球。
- 力求将球击入场地一个特定位置(如对手的弱点)。
- 变换接发球方式。
- 可能时,改变接发球的速度和旋转。
- 根据发球方的站位变换你接发球的位置。
- 对付大力发球时,采用挡球式接发球。球落地后提前击球。迎上去挥拍击球,而不是撞击。用一个正确的转髋和转肩动作向后引拍,动作要小。
- 接力量小的发球或接高发球时,用快速击球或削球后上网进攻。
- 接有角度的发球时要提前准备。朝球的方向斜线移动。打斜线球,留在后场。
- 接发球时力求打深,而不打网前球。

- 接发球进攻时采用上旋球和平击球,接发球防守时采用削球和挡球。
- 力求判断和"看穿"发球方的意图(注意抛球动作)。
- 向前移动接发球。
- 接弹跳高的发球时,提前移动作好准备,侧身正手击球,即使是高球时也能回击。用削球接发球可能是一种备用武器。

情况二:一发

通用的原则:

- 接一发时要稳,力求不让一发"轻易"得分。
- 如对手留在后场,接发球时用挡击打出深的直线球,或有角度的球,或用超高球送至对方反手。根据接发球的类型,上网截击或留在后场。

情况三:二发

通用的原则:

- 每当出现机会时,应有攻击二发的意识。
- 攻击二发时,当球上升至肩高时击球,以保持场上的主动。
- 用正手侧身攻或跑动中正手打直线球。
- 偶而打一个轻吊球。
- 对手二发时,向前移动或向反手一侧移动侧身正手进攻。
- 如对手上网,用一个近网上旋斜线球或深的直线球攻击回球。根据接发球的类型,上网截击或留在后场。
- 如对手留在后场,接发球时用一深的直线球或小斜线球攻击。上网截击或留在后场。

情况四:发球好,截击也好

通用的原则:

- 回一低的追身球封住角度。留在后场。使用两次超身球战术。
- 接发球时用深的直线球或小斜线球将球挡至对方脚下。留在后场。
- 如对手发球后截击,设法朝对手果断地回击,让发球方尝一点畏惧的滋味。

情况五:发球好,截击不好

通用的原则:

- 力求让对方截击,留在后场打间接的超身球,挑高球或上网截击。

3) 双方在底线

情况一:一般情况

通用的原则:

- 通过连读的施压迫使对手出现错误。击球位置：在底线上或靠近底线；可能时，从 3/4 的场地击球。
- 少让对手得"便宜"分。
- 要利用整个场地。
- 保持高节奏。
- 底线球是你最好的朋友。坚持打深。
- 在底线后面挡球时不要退得太远。
- 使用斜线对拉战术以争取时间和控制。
- 采用组合击球战术（如打深的直线球后接打对角斜线球）。
- 要稳。不要出现自杀性失误。
- 处于被动时，放高球，打深。
- 朝球的方向斜线移动。
- 用平击球和上旋球进攻。
- 对攻时变换节奏。
- 处于被动时，多打控制球，少发力。
- 用高而深的慢速球变换速度，接打角度刁的球或快速球。

情况二：击落地球时

通用的原则：

- 正手：在 3/4 的场地内用正手进攻和回击所有可能的回球。
- 反手：打斜线是为了从底线对攻，打直线是为了随球上网抢分。
- 感到紧张时，避打轻吊球。

情况三：处于进攻时

通用的原则：

- 使出你的优势技术。力求调动对方。抢分。
- 使用轻吊球，令对手措手不及，以便上网。

情况四：相持

通用的原则：

- 打高而深的球和斜线球。调动对方。
- 不可打穿越球。
- 如对方主动打你的反手，朝反手方向跨步，用正手攻击。

情况五：处于防守时

通用的原则：

- 打调整球瓦解对手的优势。

- 打高球、深球、角度刁的球。
- 跑动救任何可能救起的球。
- 朝球的方向斜线移动,对准球。

情况六:对手让出许多角度时

通用的原则:

- 打中路。
- 不给对方让出角度。
- 如对手打小斜线,用直线球抢分。
- 尤其是对手的站位处于底线后的一侧时,有时你不防冒险一次,打一小斜线。

情况七:对手击出一个好球时

通用的原则:

- 你朝对手弱的一侧击球,但朝对手强的一侧击球可得分。
- 全身加力击球使对手暴露弱的一侧。

情况八:对手移动差时

通用的原则:

- 力求用组合击球、低球、挑高球等打乱对手的步法。
- 当对手在跑动中或从远离的位置击出直线球时,你可打一小斜线。

情况九:对手是一个好的底线型选手

通用的原则:

- 吸引你的对手上网。
- 使用发球上网截击战术。
- 要耐心。
- 用角度刁的近网削球将对手吸引过来。
- 不要过多地放小球。

情况十:对手是技术全面型选手

通用的原则:

- 击落地球时要稳。
- 不要出现自杀性失误。

情况十一:对手使用极端型握拍法

通用的原则:

- 要尽力降低球击出的高度(如削角度刁的近网球)。
- 迫使对手改变拍型。

情况十二：对手是上网型选手

通用的原则：

- 打深球和角度刁的球。
- 将对手压在后场。

4）随球上网或在网前

情况一：一般情况

通用的原则：

- 用延缓上网法（反常上网法）威胁对手，使之处于被动。
- 从中场使用大力的准确击球或球在上升时击球，控制局面，威胁对方。
- 上网。令对手措手不及。
- 使用你的拿手好戏，随球上网。
- 击球后朝对手弱的一侧随球上网。
- 击向对方反手的深球、低的或高的弧圈球、反弹高的上旋球（攻击性的弧圈球）非常有效。
- 打直线随球上网是安全的，打斜线随球上网可调动对手多跑。
- 截击前先跨步。
- 不要过多地使用轻吊或空中短击，使用它们是为了将对手调至网前或作为一种出其不意的战术。
- 你的步法要跟上球路：随球上网后上前截击。
- 力求击出的网前球不超过3次（将球击出此区域）。
- 斜线移动，保持平衡。
- 要警惕，力求"看穿"对手的意图。
- 中场截击球要深而低。网前区截击球应有角度、短而有力。
- 随时防备对手挑高球。

情况二：中场打法（如何运用）

通用的原则：

- 截击：连续截击不要超过3次。截击空当抢分。
- 击高球：始终将球击向对手弱的一侧。
- 随球上网：先打一直线，随球上网，朝空当截击。
- 除非对手步法错乱，你退向后场，否则，随球上网时不要打斜线。
- 如果你打出深而高的球，等候对手的反应，对手回球时，上去封住直线超身球。
- 如果你挑一高球，对手不用高球扣杀，你上网，但当心对手挑高球。

- 如果你击出一轻吊球，对手上来救球，你上网封死角度。

情况三：中场打法（如何反应）

通用的原则：

- 如果是一个短球：上网用你的最佳击球打向对手弱的一侧。
- 如果是一个没有威力的中场高球：用空中截击、空中扣杀或空中抽杀攻击对手。
- 如果是一个齐腰高的中场球：打一深的截击球，移动至网前。
- 如果是一个打在你脚下的低的中场球：击一深的反弹球，或击一直线低截球，或让球弹起后击落地球。

情况四：网前打法（如何运用）

通用的原则：

- 如果是一个齐腰高的球：用你的最佳截击打空当。
- 如果是一个近网低球：用低截球打中路或打一角度刁的轻吊截击球。
- 防备对手的超身球或挑高球。
- 如果是一个高的慢速球，用空中截击或高压击向空当。
- 如果是一个很高的中场球，用空中高压打空当。
- 如果是一个很高很深的球：球弹起后扣杀中路并上网截击。

情况五：网前打法（如何反应）

通用的原则：

- 如果对手接回你的截击球或高压球，上网"拿下"这一分。
- 对于对手来说，中场球好打：你不要后撤，瞄准一侧，截击超身球。
- 超身球很难对付：空中拦击。不要后撤。斜线移动。
- 斜线超身球：不要打直线挡击球，要打小角度的斜线截击。
- 打空中拦击球，让对手跑向最远的场角。
- 直线超身球：如果你不能得分，万不可打斜线截击。
- 你被迫击反弹球时：要在你的身前击球。
- 对方擅长超身球时：变换你的随球上网战术。多留在后场，以改变打法。
- 对手不知如何打你的超身球时：随时快速上网。
- 不必过早地防备挑高球：观察对手击球时的拍面。

5）超身球（穿越球）

情况一：一般情况

通用的原则：

- 意图应是让网前选手"失分"。

- 所有的超身球应是低球。
- 最好用最佳击球打超身球。
- 避免不必要的冒险。与其打超身球下网，不如让对手截击（打深比打浅要好）。
- 斜线超身球应是小角度的于球。
- 打直线超身球时应发力，打深。
- 让对手在别扭的情况下（如打中路低球）截击。然后再打一超身球（2次超身球战术）。
- 挑高球：始终挑高，挑深，要考虑风向。
- 挑高球可拉开空当，以便接打超身球。

情况二：后场击对手的回身球

通用的原则：

- 用滑板打超身球要准。
- 攻击上旋高球时打两侧。

情况三：擅长随球上网，对手擅长截击

通用的原则：

- 结合打几个高而深的上旋球。
- 让对手截击（观察对手截击是否失误），不让轻易得分。

情况四：擅长随球上网，对手不擅长截击

通用的原则：

- 打一超身球让对手截击（观察对手截击是否失误）。
- 或打一超身球争取得分。

情况五：轻率随球上网

通用的原则：

- 打一超身球争取得分或挑高球。

第四节
双打战术

双打和单打最大不同在于，双打是一场关于场地站位的较量，双打比赛中，相对狭小的空间限制了球员创造性的发挥，但也催生出更多合理的击球手段，一对双打配对可尝试不同的站位，然后找到最有效的应对对方的站位，并且，根据对方的情况,进行变位。在双打比赛中,任何高水准配对的首要的战术目的都将是:尽一切可能设法先占据最佳的网前进攻位置。道理很简单,在单打比赛中,防御性的战术如果运用得当往往也会取胜。但双打比赛却主要靠主动攻击取胜。双打比赛中最有利于进攻的位置是在网前。谁能占据网前谁就把握住了比赛的主动权。

一、双打战术

1. 双打战术的特点

(1) 了解比赛,最大限度地发挥同伴的强项,最大限度地回避同伴的弱项。
(2) 击球不但要考虑到同伴的站位,还要考虑到对方的站位。
(3) 每半片球场都有两位球员,因此,防御性的和策略性的击球手段都应该更能准确地予以实施。
(4) 球员必须明了并且接受自己在每一分比赛中扮演的角色。
(5) 双上网和双底线站位有助于减少你和搭档之间的真空地带。
(6) 双上网的攻击性较强。

2. 发球局战术

双打中的发球局与单打中的发球局一样,是直接对对方实施进攻并以发球占据比赛主动,为同伴网前抢网截击得分创造有利条件。发球战术包括:发球上网战术、发球抢网战术、澳大利亚战术。

1) 发球上网战术

基本原则即通过采用平击、侧旋或上旋大力、快速度、大角度落点准确的一发成功率,迫使接发球质量减低,为搭档创造抢网截击得分的机会。第二发球要利用旋转和落点的变化,来为上网创造条件。无论是一发或是二发都应考虑到对方的技术特点,采用能制约对方发挥特长的发球技术和站位。

2) 发球抢网战术

运用抢网战术首先同伴之间应事先商量好,发球员发什么位置,抢与不抢,采取此战术可以干扰对方接发球,为发球上网及抢网创造得分条件;其次,强调发球员发球的质量,旋转、落点和节奏的变化。

3) 澳大利亚战术

运用澳大利亚战术能起到破坏对方接发球节奏,为发上和抢网得分创造有利条件。运用这一战术时,要求事先协商好发球落点,另外只有在发球员第一次发球成功时,此战术才能取得充分的效果。

3. 接发球局战术

双打的接发球与单打的接发球是完全不一样的,由于本身处于被动位置,加之对方发球员同伴网前的封网与随时的抢网意识,使接发球方的难度更大。因此,接发球局战术运用的成功与否,取决于接发球的质量,为了变被动为主动,接发球时不能总是处于被动状态,应根据对方发球及网前的攻势,提高本方的接发球质量,并要采取主动进攻,积极上网的战术。接发球局战术包括:接发球双上网战术、接发球双底线战术、接发球网前抢网战术。

接发球是处于防守被动的地位,运用接发球战术的目的,就是利用有利的站位和接发球的战术,变被动为主动,力求将被动防守地位转变为有利的进攻局面,并可为同伴创造有利的防守和进攻机会。

1) 接发球双上网战术

多数在发球方一发质量不高或二发时所使用的战术。为了抢占网前有利位置,当对方发球时,接发球员利用较小的移动距离而取得较大的防守范围。迎前还击球,然后随接发球上网,迎前击球的目的是使接发球的速度加快,给对方发球上网截击或抢网造成威胁。接发球员的回击球方法多种多样,如回击到发球上网球员的脚下或斜线双打线内等,总的原则是达到能发挥自己的优势而抑制对方的目的。

2) 接发球双底线战术

在双打比赛中,如发球方的发球质量对接发球方的压力和威胁过大,而发球方的搭档在网前的抢网意识和能力较强,为了降低本方的被动局面,破坏对方快速进攻的节奏,使对方网前截击不能马上有效得分,采用此战术比较有效。应注意接发球的成功率,然后再伺机找寻机会进行反击,穿越球要凶狠,以中路球、两侧边线小斜线为主,结合上旋高球以获得场上主动。

3) 接发球抢网战术

在双打比赛中,接发球抢网战术经常被运用,此战术的运用能使对方发球上网球员增加中场截击的心理负担,而产生回球失误或回球质量不高,为接发球员同伴创造抢网得分的机会。接发球员接了一个高质量的低平球或对方发球上网者脚下两侧,迫使其从下向上挡出一个质量不高的球,为搭档创造抢网得分的致命一击。

4. 常用双打战术组合

1) 发球局战术

阵式

(1) 基本阵式：通常发球员最好的发球和上网的位置应是中点和双打发球边线的中间，其搭档一般应在场上另一侧网前，离网大约3米左右，离中线大约2.5米，离双打边线大约3米左右(图4、图5)。

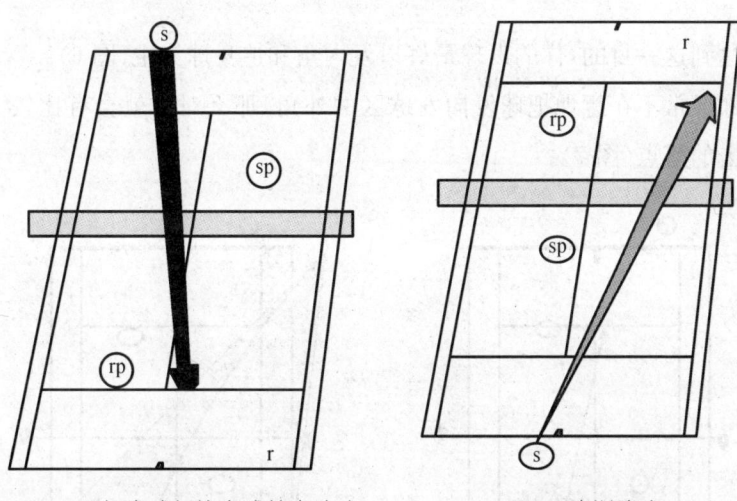

图4 双打发球与接发球基本阵式　　图5 澳洲阵式

注：(s)：发球员。(sp)：发球员的搭档。(r)：接发球员。(rp)：接发球员的搭档。

(2) 澳洲阵式：此阵式的主要特征是：发球时，在网前的发球方队员，站立在发球员的同一侧，发球员则站立在中点附近发球(图5)。发球员发球后，立即跑向对角线上网去封截在基本阵式中原由网前队员负责管辖的那半片场地。

如此战术的根本目的是迫使对方改变原来习惯的击球方法和节奏，使得他们不能按原来所习惯的回击斜线球来进行接发球，而逼他们打他们所不擅长的直线接发球。由此而见，澳洲阵式主要适合针对于不擅长进行直线接发球的选手而用。

① "一发"应以深入的旋转发球为主

在双打比赛中，你的发球并不需要发的过于强劲，但却十分强调发球的落点，一般来讲应以深入的旋转发球为主。首先，带有旋转的发球有利于提高发球的成功率，而一发成功率的高低对于双打比赛是非常重要的。其次是，面对带有强烈旋转的发球，你的对手必须以切削的手法进行化解，这是比较需要技术的。而且更重要的是，旋转发球速度相对比较慢，如果你发的比较深入，那你就有比较充分的时间上网。所以,不要过于计较于发球的速度而喜好运用大力的平击发球。事实上你的发球速度越快,也就使你的对手还击过来的球越早,这对于你下一步尽快地上网截击显然是不利的。

② 力争控制球场的中央部分

在双打比赛中最主要的战术目的是为了控制球场的中央部分,一般情况下,谁能更多地控制住球场的中央部位,谁就能获得更多的赢面。这是因为,如此的发球使得接球者的回击角度受到了限制,而有利于你们下一步在网前对局势的控制。

为了达到这一目的,你的发球最好以发内角和追身球为主(图6)。

如果你经常不在意地把球发向发球区的外角,那么对方就会有比较大的角度来选择回击的落点(图7)。

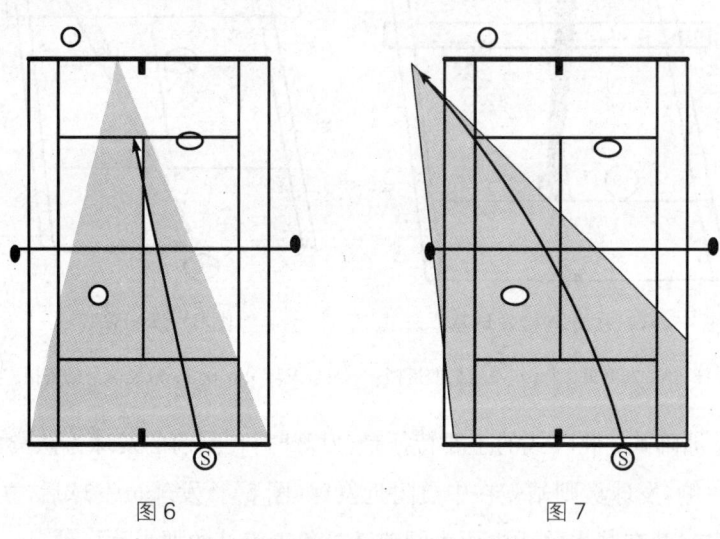

图 6　　　　　　　　　图 7

③ 发向对方的反手

若对手的反手接发球较弱,有意发外角逼他的反手,这也是一种比较好的发球战术。通常这种发球运用在第二发球区发球时,如果对方是左手握拍球员,那就正好相反。

④ 利用切击发球突袭对方的正手外角

由于你在比赛中经常采用以发内角和追身球为主的战术,对方就会将注意力主要集中在这方面加强防守。此时,你应和你的搭档有默契地利用切击发球突袭对方的正手外角。运用这个战术有一点特别重要,那就是一定要使你的搭档知道要多注意封截对方的直线穿越球。因为,此时打一个直线穿越球正是对方的接发球员最好打,也是他对你们最可能形成攻击力的一种打法。

⑤ 抢截与补位

在双打比赛中,网前队员如果能预测出对方的接发球回击方向时,可以采用这种抢截补位战术:网前队员在对方球员接发球的瞬间,利用在网前的有利位置迅速向场地的另一边移动,准备给对方致命的一击。而发球员发完球后则突然改变方向迅速跑向原来其搭档的一侧进行补位。

抢截与补位的战术并不难学,关键是两人在比赛中要有很好的默契,因为网前的队员很有可能会判断错误,这就需要发球员来及时地进行补位,同时还不能够让对方事前了解你们的意图。而且一旦网前的队员已作出抢截的动作,那么不论他的判断是否正确,你们双方的动作都必须进行下去,如此才不容易出现失误。

⑥ 发球员在上网途中的截击方法

在双打比赛中,应养成发球动作完成后随即迅速上网的习惯,如果你能及时地赶到网前,通常你们就能有效地封截对方的攻势而赢得这一分。但是在实战中,绝大多数的情况是发球员在跑向网前的途中时,对方已将球回击了过来。此时,由于发球员自己还未赶到网前站稳脚步,所以不可急于想给对方一个致命的截击,否则最容易引起失误。

* 在大多数情况下,应该是不妨先把球较深地截击回对方靠近接发球员一侧的底线,等自己在网前就位后,再展开下一次更有力的攻击。

* 如果此时对方的接发球员也正在随球上网途中,可先将球截击回他的脚下。

* 如果此时对方的接发球员已经靠近网前较好的截击位置,你又正处于比较低的截击位置,可伺机采用截击吊高球于对方的后场。但这需要有精湛的截击技术、灵巧熟练的手腕和前臂动作,以及良好的战术意识。比赛中运用这种方法具有很大的风险,如果一旦被对方识破或击球质量不高,换来的十有八九是一个凶猛的高压球。

2) 接发球局战术

同样是接发球,双打比赛与单打比赛就有很大的区别。在双打比赛中,接发球员在球场上可还击的位置比单打时要少了许多。首先是在单打比赛中,发球员发球后有时或许不上网,这就对接发球员减少了不少的压力。其次是在双打比赛的发球时,发球方总有一位球员站在网前伺机进行封堵和抢截,这就给接发球方增加了很大的难度和心理上的压力。第三,双打比单打在人数上增加了一倍,但是在场地的宽度上却实在增加有限。

由此可见,具有高水准的接发球技能,从而能不时地突破对方的发球局,这对于夺取双打比赛的胜利是来得何等的重要。

(1) 阵式

- 基本阵式,参见图8。
- 双底阵式,参见图9。

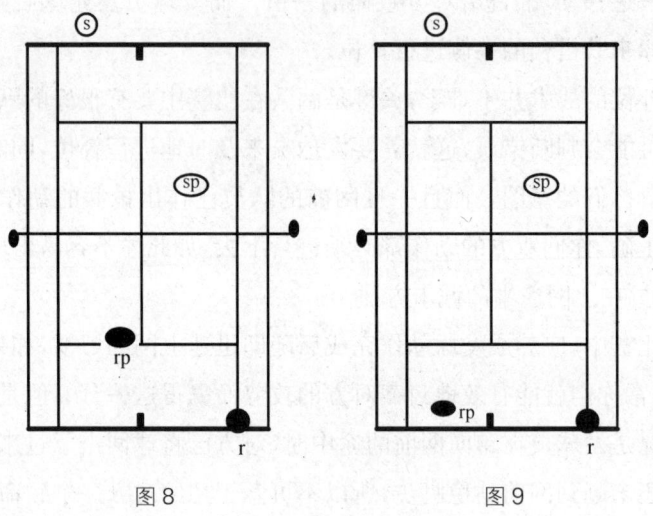

图8　　　　　图9

(2) 接发球基本位置

由于在双打比赛中,通常发球员都比较注重一发的成功率,所以绝大部分选手采用的几乎都是旋转发球,并迅速随其上网。为了能还击出比较具有攻击性的接发球,迫使对方正处于上网途中的发球员只能在离网比较远的地方进行防御性的第一次截击,从而夺得进攻的主动权。接发球员应该力争前迎在底线内侧接发对方发来的旋转球。

如果发球方一发失误,接发球员此时就更应该前靠迎击对方的第二发球。

(3) 基本方法

* 通常最佳的接发球方法是直接向发球员或双打边线还击回去(图10、图11)。

* 在高于网的位置用切击的方法将球朝下击向正在上网的发球员,并随球上网。先迫使他只能比较被动的作一个朝上的截击,然后接发球方就可抓住这一机会进行反击。

* 用反手下旋击球法,打一个擦网而过的低球到正在上网的发球员的脚下,落点尽量控制在发球区线前面,同样也要快速随球上网抓住机会进行反击。

* 当发球方网前队员抢截比较活跃,或伺机突袭时,抽一个直线穿越球。

* 上旋拉一个后场高球,以此来对付发球方网前队员的站位比较偏前、抢截比较活跃,并且一发很具威力、发球员上网速度较快(图12)。

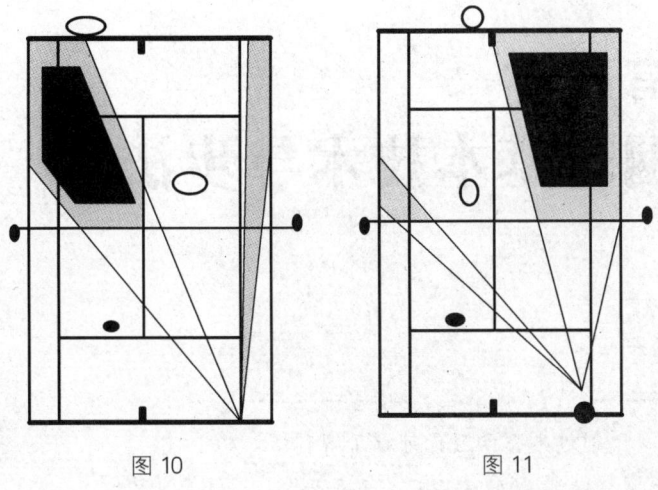

图 10   图 11

另外,在实战中还应根据场上的实际情况有意识地变换接发球的方法,不要老是采用同一种击球方法,以免对方预设破阵之机。

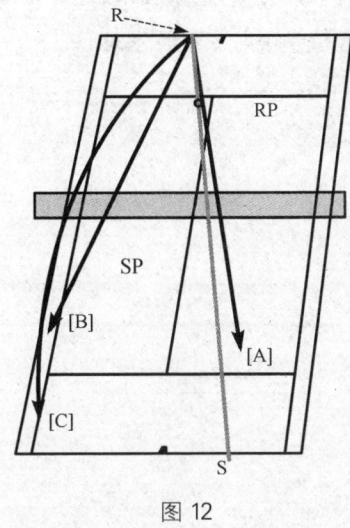

图 12

第五章
网球基本技术与步法

> 通过本章学习你可以了解到：
> （1）握拍的方法及其重要性。
> （2）网球基本技术大致分为：落地球、发球与接发球、网前截击、高压、挑高球、放小球。
> （3）网球技术的分类：基础技术、进阶技术、技巧性技术等。
> （4）网球基本步法与底线技术站位。

第一节 握 拍

一、握拍的重要性

握拍的方法与击球动作有着密切的关系。俗语说：球拍是击球者手臂的延伸和手掌的扩大，每个击球动作都是由手臂、手腕、手指相互配合用力来完成的，所以握拍的好坏对技术的提高和全面发展有较大的影响。作为初学者，必须按正确的方式握拍，使拍面以正确的部位和角度与球接触。起初可能会有不习惯、不舒服之感，但坚持一段时间后就会领会到正确握拍法的好处。握拍决定了击球时的角度，接触球的位置，还会影响到打球时的步法、打出去的球如何转动以及击球时所习惯的场上位置。握拍最难的部分是如何选择。事实上，没有最完美的握拍方式，每一种握拍都有它的优点和局限。但针对特定的击球方式或打球风格，某些握拍方式明显好于其他。本节将教会你：①掌握各种正确的握拍方法；②了解通用握拍方式的最佳用法。

在所有的网球技术中，最基本的乃是握拍法，它能直接影响球拍面接触球的角度。要打好网球，很多初学者都忽视了网球的基本要领——网球的握拍方法，网球的握拍方法对打网球来说是很重要的，不正确的握拍方法会给网球击球带来诸多的坏处。很遗憾的是现在很多人在打网球时握拍方法都不是很正确，这其中虽然原因很多，例如，缺少相关的指导，自己本身不重视握拍方法，受他人的误导等。对于网球运动中击出流畅的、充满力量的、准确的球需要很多条件，但这一切都开始于你的握拍方式。无论花多少时间寻找完美的手感以达到改进比赛水平的目的，但最重要的部分还是握拍——不是了解拍柄的结构，而是如何握住它。

二、握拍的方法

握拍术语是对握拍手的"虎口"所形成的"V"形而言。但每个人的手不可能完全相同，单凭"V"形不一定可靠，所以必须从以下三点来进行检查。

（1）手掌根：即小鱼际所在的部位。

（2）食指下关节：即食指掌指关节腹面所在部位。

（3）手指垫：即拇指指间关节腹面所在部位。虽然握拍被很大程度上忽视了，但它是网球中所有击球的基础。手握在"8"边形的球柄上的方式，会很大程度影响到你的每一次击球。

有许多方式去解释某种特定的握拍方式，但最简单和可靠的方式是将你的食指根作为参考点。每种握拍方式都给出了底部视角的图解，分为4条主边和主边间连接的4条窄斜边。

第一种：大陆式握拍

大陆式握拍是一种可以用来做任何击球的握拍方式。与东方式握拍法不同，大陆式握拍法在进行正、反拍击球时都无需变换握法。握拍时用手掌根贴住拍柄上部的平面，食指与其余三指稍微分开，食指上关节紧贴在右上斜面上，拇指垫贴在拍柄的左垂直面上。但这种用法从长袖衣裤网球时代后就不再是通用标准了。大陆式握拍主要用于发球、网前球、过顶球、削切球以及防御性击球。大陆式握拍就是将你的食指根放在第一个斜边上，使虎口的"V"形在拍柄上部，如果是左手则把食指根放在在第四个斜边上。

优势：

用大陆式握拍处理发球、过顶球是标准方式。这使前臂和手腕能够自然地向击球点挥动。这样的结果便使压力减小的手臂发挥出更大的爆发力和更灵活的击球。这种握拍法所提供的稍微开放的拍面能够击出下旋和得到更好的控制，这使它成为处理网前球的最好方式。当需要在网前快速地处理球时，大陆式正反手连发也很重要。像前面所提到的，握拍方式影响到拍面角度。越是关闭的拍面，越容易打出距离身体越高越远的球。大陆式握拍时，拍面与地面接近直角，这使它的击球区较低，也更加靠近自己的身体，所以这种握拍方式对防御球、低球、或是刁钻球很有帮助。

由于该握拍法不需变换握拍位置，所以具有简便灵活的特点。适合处理低球，对上网截击也很有利。但对于腰部以上的来球，不易控制拍面，故打高球不太方便，同时也打不出强有力的上旋球。

劣势：

你可以用大陆式握拍法打平击，削球，但是难以打出上旋球。这意味着你在大力击球并使其不出界时，要求瞄准球网上方，而不能有任何错误。而且没有保证安全的身体转动，意味着在合适的击球区域外的回球会相当困难。所以大陆式握拍的不稳定性是个普遍的问题。

第二种：东方式正手握拍

将你的手平放在球拍面上，然后下滑握住拍柄；将球拍平放在桌面上，闭上眼，抓起球拍；或者和拍柄握手。这些小技巧都可以让你快速找到东方式握拍方法。更有技术性的窍门是先用大陆式握拍，然后将你的手顺时针转动（左手时逆时针转动），使得食指根搭在主边上。

东方式正拍握拍法：左手先握住拍颈，使拍子与地面垂直，然后手掌也垂直于地面，手握拍柄好像与人握手。故亦称"握手式"握拍法。准确地说，用右手掌根与拍柄右上斜面贴紧，拇指垫握住拍柄的左垂直面，食指微离中指，食指下关节压住拍柄右垂直面。由此拇指与食指成"V"形，对准拍柄的右上斜面和左上斜面的上端中间。

东方式反拍握拍法从正拍握法把手向左转动（即把拍子向右转动），使拇指与食指成"V"形，对准拍柄左上斜面与左垂直面的中间条线。用手掌根压住拍柄的左上斜面，拇指贴在左垂直面上，食指下关节压在右上斜面上。

优势：

通常东方式握拍用来学习正手。它很灵活，让球手能够轻易击出上旋球或更有威力的平击球或穿越球。它能很快速地换到其他握拍方式。东方式,是上网型选手的明智选择。

该握拍法非常适宜底线正、反拍击球,同时对各种高度的来球及各种旋转球的打法具有广泛的适应性。用东方式反拍握拍法进行发球及发球上网、网前截击球时不用再转换握拍。虽然东方式正、反握拍法转动不大,但当球打到身体的另一侧(即正拍或反拍区)必须变换握拍法去迎击球。注意变换握拍开始于准备动作,用左手扶住球拍颈部,在球拍向后摆动准备击球之前,握拍必须调整完毕。

劣势:

比大陆式握拍的击球区域要高和远离身体。但仍然不是回高球的好选择。东方式正手可以有很强的威力和穿透性。但是由于更适于平击球,所以稳定性仍不高,难以应付连续相持球。这种握拍法不是希望打上旋球跟对手比相持能力的球手的最佳选择。

第三种:半西方式正手握拍

从东方式握拍顺时针转动(左手握拍逆时针转动)你的手,直到食指根放在下一条斜边上,这时的握拍就是半西方式握拍。这种握拍方式在强力底线型职业选手中盛行,而很多职业教练也会鼓励他们的学生使用这种握拍方式。

优势:

半西方式握拍比东方式握拍能击出更强烈的上旋球,使击球更为保险和受控,特别是在放高球和小斜线。你也可以用这种握法打出制胜的平击或者穿越球。球手用这种握法可以自由地选择在击球时加入上旋。它的击球区域会比东方式离身体更高更远一些,所以用它打半高球会有更好的控制和进攻性。

劣势:

用这种握拍,你难以打低球。既然这种握拍方式必须要低于球开始挥拍,它很难用来回击低球。而且,这是一种典型的打网前球时需要改变为大陆式握拍的握拍方式。这就是为什么底线型选手来到网前都很不舒服的原因。

第四种:西方式正手握拍

西方式正拍握拍法动作要领是:手掌心朝下,手掌的大部分放在拍柄的底部,手掌根贴在拍柄的右下斜面上,拇指压在拍柄的上部手面,食指的下关节握住拍柄的右下斜面。拇指与食指的"V"形对准握柄的右垂直面。这使得你的手掌几乎完全位于拍柄下方。握拍的形状好似"一把抓"。

优势：

这是一种极端的握拍方式，击球时接触球的时间最长。手腕的位置迫使球拍完全地抽击球的后部，打出极强烈的上旋球。这种方式击出的球可以高高地越过球网而仍然落在球场中。这样的球通常落地后弹跳得又高又快，使得你的对手不得不在离底线很远的地方回球。这种握拍方式的击球区域会比之前介绍的任何一种离身体更远和更高。因为它处理高球的能力，使得很多红土选手选择这种握拍，成为红土场专家或者喜欢打上旋球的选手最爱。

劣势：

低球是这种握拍的克星。通常快速场地上球弹跳得较低，这就是这种握拍方式的职业选手通常在快速场地没有什么作为的原因。而且，你需要有极快的拍头速度和强劲的腕力才能产生一定速度和旋转的击球。否则，你的回球会出浅，并且被你的对手抓住机会进攻。对某些人来说，这种握拍也很难平击，因此将球打远也成了一个问题。像半西方式一样，上网和截击需要转换握拍方式是主要的问题。

第五种：东方式反手握拍

从大陆式握拍逆时针转动你的手（左手请顺时针转动），将食指根放在第4个斜边上，你的手几乎都在拍柄的上方。如果过你的食指跟关节处钉入一颗钉子，它将正好通过拍柄的中心。

优势：

就像东方式正手，这是一种有很好手腕稳定性的灵活的握拍方式。你既可以用它打出一定的上旋球，也可以打出富有穿透力的平击。有些球手能够用东方式反拍打切球，如果不行，从东方式换到大陆式也相当容易。这种握拍可以用来打上旋发球，而且需要上网截击时，这是一种能快速转换到大陆式握拍的方式。

劣势：

在能够有效处理低球的同时，这种握拍方式却不能很好地处理齐肩高的上旋球。遇到这种难以控制的球，球手通常不得不选择防御性的削球回击。遇到上旋发球高出东方式反手的击球区域时，你会经常看到这种方式。

第六种：超东方式/半西方式反手握拍

与西方式正手握拍对应，从东方式反手握拍开始，你的手反时针转动（左手请顺时针转动），直到你的食指根移动到拍柄的下一条边上。这是一种进阶的握拍方式,只有那些更强壮更有技巧的球手会选择使用。

优势:

就像西方式正手握拍,这是红土场选手常见的选择。它自然会比东方式反手有更关闭的拍面,使得击球区域更高,离你的身体更远,使得这种握拍方式更容易处理高球和击出上旋回球。在网球场上,一些最强力的反手选手都是使用这种握拍方式。

劣势:

它的局限类似于西方式正手握拍。不是很适合处理低球,而且由于它相当极端的握拍方式,转换到网前截击的大陆式也不是那么迅速。这种握拍的选手通常需要长距离快速挥拍,而且更适于站在底线。

第七种:双手反手握拍

毫无疑问这是最流行的握拍方式,但关于双手的握法仍有一些争议。广为接受的方式是支配手用大陆式握拍,然后非支配手在支配手上方用半西方式握拍。双手反拍握拍法的动作要领是:右手是东方式反拍握法,握在球拍拍柄的底部,手掌根与拍柄对齐,左手握在右手的上方。

优势:

这种握拍方法对于力量不足的球员学反拍比较容易,也是单反无力的球员最好选择,同时这种握拍法易于对来球加上旋和进行发力,击球点可更靠后些;且动作的隐蔽性强,对方不易发现是击斜线还是击直线球。

能够击出比单反更扎实的球,双手基于肩部的旋转和更高效的挥拍能够提供更大的威力。他能很好地处理低球,而且额外的一只手可以更好地处理齐肩高的球。

劣势:

反拍双手握拍对于步法移动要求精确,因为双手都握住球拍拍柄,会影响球员的移动。因此很难应付大角度回球,特别是在大范围移动的时候,很难转动上身击球。

第八种:双手正、反拍握拍

正拍击球时是双手握拍,反拍击球时也是双手握拍。如著名女运动员塞莱斯、彭帅就是这种握法。它的动作要领是:以右手持拍者为例,即右手为东方式或混合式握拍,左手握在右手上方,当对方击球朝正拍来时,左手下滑,形成类似左手持拍反拍击球动作。击完球后,还原至右手在后,左手在前的准备动作。反拍击球时,与双手正拍击球握法相同。

优势：

正反拍击球没有明显弱点，都能给对方构成威胁，而且动作隐蔽，便于发力。

劣势：

要求运动判断准确，反应敏捷，步法移动快。

第二节
网球基本(击球)技术

一、网球基本技术分类

技术是战术的基础。掌握全面、实用的技术，才有可能运用多变的战术。同样，在比赛中，只有合理地运用战术，才能使技术得以充分发挥。在训练中，只有带着战术意识去练技术，才能练到真正实用的技术。基本技术包含有：落地球技术、发球技术、接发球技术、网前截击技术等。按掌握时期的不同可以分为：常用技术（发球与接发球），基础技术（落地球），进阶技术（网前截击、高压），技巧性技术（挑高球、放小球、反弹球）。

二、常用技术

1. 发球

1) 如何击出有效的发球

发球动作由于需要全身的协调配合，在动作的掌握上相对难度较大些，但首要的是在初学时不要总想有如何大力量的击球，这样反而会破坏动作的协调，试想一个球速很快、力量很大的发球总是落在界外，那么怎么可能在比赛中有机会战胜对手，因此首先应考虑的是如何能把球发在发球区里。

（1）稳定性

这是发好球的前提，所谓稳定包括抛球的稳定，击球身体重心的稳定以及能够在每一场比赛中将发球失误率降低到最低点。心理稳定也很重要，网球比赛一分球有两次发球机会，一发时很多人会认为反正还有第二发球机会，所以第一发球只强调发球的力量,往往会在成功率降低的情况下,影响第二发球,导致不敢发、轻碰、动作变形,出现双误。因此要加强发球的稳定性,使它成为得分的有力武器,而不要成为你失败的致命弱点。

(2) 旋转

当发球的稳定性增强后,可以考虑到在球的旋转上进一步的加强,以掌握发球的主动权,球产生旋转时落地后反弹的高度、方向不同,造成对手在接球时要考虑来球的方向,匆忙接球使身体失去平衡,为自己创造得分的机会,由于球过网时有一定的高度,提高了发球的保险系数,使你可加大力量发球,而不必担心球会发出界。

(3) 深度与落点

深度是指球的落地点尽量靠近发球线,这样可逼迫对手退至较后接球,一方面可瓦解对方的接发球为自己创造进攻的机会,同时可为自己争取一定的时间来回击对方的接发球,如果发球过网后落在发球区很浅的位置上,很容易被对方抓住机会,从而占领上风。落点的变化相对来讲需达到一定水平后,为提高自己发球威胁力而应多加考虑的,它可以打破对手的接球习惯,还可利用变化的落点破坏对方的判断力,使对手在准备接发球时总要考虑来球会落在哪一点上。对于右手执拍选手来讲,右区的内角是对手反手球,外角点会使对手远离自己的场区接球,左区相反,并且更多是发外角点,逼迫对方跑动更多的距离击球。

2) 发球技术

发球是指球员站在本方球场端线后,将抛向空中的球,在落地前击向对方有效发球区内的一种技术。网球比赛中的每一分球都是从发球开始的,因此高质量的发球不仅可以直接得分,而且还在较大程度上能够发挥出个人的特点,用以控制对方,最大限度地施展自己的战术意图。虽然发球在网球技术中是一项较难掌握的技术,它需要全身更协调的配合用力,但它也是网球各项技术中唯一可以不受对方击球的方向、角度、旋转等限制的最重要的技术之一。并能通过自己主观努力来将其做得更好的一项技术。

(1) 发球的基本动作结构

握拍方法

当今球员发球技术常用的握拍法是大陆式握拍,然而,在过去的几年里,多数球员有一种趋势,即采用界于东方式反拍和大陆式握拍之间的握拍法,因为这种握拍法似乎能产生更大的爆发力。

预备姿势与基本站位

身体放松,发球开始时两脚前后开立,略宽于肩,左肩侧对球网,前脚距端线5

厘米左右与端线形成45°角,后脚与端线基本平行,两脚尖的联线对准发球落点区域,右手执拍,左手指尖托住拍颈并托球,球拍置于体侧,拍头指向前方,全身放松,重心落在前脚。单打站位时,应在端线后单打边线与中点的假定延长线后任何位置,最好靠近中点,便于顾及全场,也可根据发球落点的不同适当作些调整。双打站位应在端线后中点与双打边线的假定延长线后,最好是靠近单打边线处,因为同伴已站在另一区域,为自己分担半个场区,另外这对发大角度的球也是比较有利的。

抛球与后摆

发球的关键是抛球,这是一个"释放"动作,只有掌握好手臂的惯性,使球平稳、和缓地离开手指,才能获得最佳的抛球效果。要避免用手臂、手腕或手指的突然动作,而是要用稳定的均匀的力量和动作将球向空中拖(抛)出,在手臂向上的最高点时出手,抛出的球旋转越少越好。

抛球与后摆动作是同步开始的,两只手臂是"同上同下"一起运动的,抛球手拇指、食指和中指轻轻托住球,掌心朝上。当球拍向下向后引拍时,抛球手同时下降至左腿处,持拍手从身后向头上方做大弧形摆动,身体做转体、屈膝、展肩时,持球手顺势将球向空中抛出,左手指向抛出的球,此时右肘向后外展约于肩高,拍头指向天空,双膝微屈,左侧髋前顶,腰和背呈(背弓)状,身体重心随着抛球开始先移向右脚,然后向上再向前移动。

击球

持球手抛出球后,球拍继续向上摆动,挥拍击球时持拍手肘关节放松,当球下降至击球点时,以肘关节为轴带动手臂和球拍向上向前挥拍击球,左脚上蹬,当力量从地面通过腿部转移至髋部,髋部获得最大的转动速度时,上体立刻转动,使手臂和身体充分伸展。击球点在身体的右眼前方的最高点,挥拍击球时,持拍手腕带动前臂有一个旋内的"鞭打"动作,这是发球发力的关键动作,也是蹬腿、转体、挥拍、身体重心前移的力量总和。

随挥与还原

击球后身体重心落在前脚上,双肩与球网平行,抛球手收缩至身旁保持身体平衡,持拍手挥拍至身体的左侧,然后自然还原成击落地球的准备姿势。

(2) 平击发球

平击发球又称"大力"发球。其特点是球的力量大,前冲速度快,落地反弹较低,经常在第一发球中采用,目的是想凭借速度和力量上的优势,造成对方接发球的压力和难度。

平击发球一般采用大陆式握拍法握拍,球抛向头部额前上方,由于发球力量大,更需要屈体及快速的挥臂动作,身体尽量向上伸展,此时肘关节略微内旋向上伸直,击球时的拍面正对球,击球的后中部,击球后收腹,手臂继续挥动,从击球点高度向下挥至身体的左侧,做一全弧运动,完成随球动作。

(3) 上旋发球

上旋发球的特点是球过网高度范围大,落地跳起后向前飞行。握拍法一般采用东方式反手握法。准备姿势及基本站位与发球的基本动作结构相同。上旋球应带有强烈的旋转,以保证有足够的冲力使球强烈上旋,击球时后背像一张开的大弓,抛球手臂将球抛至头外侧上方,通过收腹身体重心由后脚移动至前脚,球拍从下向上做弧线运动,击在球左下方至右上部,跟进动作时球拍收到身体的右侧,这点是与平击、切击式发球有区别的。

(4) 切削式发球

切击式发球的特点是击球时的手腕无需有大的变动,击在球的侧部,球的旋转、力量、方向容易控制,对初学者来讲比较容易掌握和运用。握拍时采用大陆式或东方式反拍握法,抛球时将球抛至体前右斜上方,击球时的球拍击在球的右侧,擦击而过,击球时球拍不但向侧同时也伴有向前挥击,跟进动作由上方顺势挥至左下方,为了加强旋转性,击球时手臂尽量抬高向上伸,整个动作不要有停顿的感觉。

2. 接发球技术

在当今的现代网球运动中,接发球也是一项重要的击球技术之一。对于一名网球选手来说,一场比赛中大约一半的得分是从接发球开始的。

尽管基本动作与击落地球技术动作非常相似,但在比赛中情形完全两样,因为发球的一方有机会给接发球的一方制造更大的压力和难度。接发球质量不高,会给对方较多的进攻和得分机会;反之,接发球质量高,可以直接得分,也可以破坏对方的比赛节奏,为自己创造进攻的有利条件。

接发球的基本类型有两种:进攻型和防守型。进攻型接发球的主要目的是给发球一方施加压力。通常使用它来对付力量小、威胁不大的一发或是二发。防守型接发球的主要目的接好发来的球。通常用它对付威力极大的一发或大角度的二发。当使用防守型接发球时,高水平球员用挡击的方式控制击球的方向和速度。

1) 准备姿势和引拍

接发球站位一般站于端线附近,根据对方发球的位置来变换自己的站位,重点是力求在接发球时能够快速移动。保持两脚平行站立,略宽于肩,两膝微屈,身体重心放置在前脚掌上,上体稍向前倾,球拍自然置于体前,两眼注视来球。

球员应使用合适的正反拍握拍法,引拍动作应与正常击落地球动作相似,可根据来球的速度,调整引拍的幅度,接发球的难度越大,引拍的幅度越小。击球前应提前向前斜向移动击球,以便缩小发球手回击的角度,减少发球手回球的时间。

2) 向前挥拍和击球

准备接发球时,眼睛必须关注于球上,对方抛球时要观察他的抛球位置,便于预先判断发球的方向和旋转,进攻型接发球的向前挥拍与球拍击带上旋的落地球的轨迹(由下向上由低向高)相似。击球区通常比正常的击带上旋的落地球的击球区更高,更靠前,因为发的球弹跳更高。当球员跨步击球时,由于使用他的身体链的所有部分,击球就有了速度,但同时,应力求保持身体所有这些部分,特别是头部和上体的动态平衡。

防守型接发球的向前挥拍通常与截击时球拍的轨迹(由上向下由高向低)或击直线落地球时球拍的轨迹(由后向前)相似。接斜线时,击球区通常比正常的截击时更靠近身体,球员击球时力求收紧挥拍动作,握紧球拍以控制球速。

3) 随挥动作

进攻型接发球的随挥动作与击带上旋的落地球的随挥动作相似。球员接发球后上网的情况除外。在这种情况下,球员通常采用"屏风"式移动,击球时就开始向前移动上网。

防守型接发球随挥动作,根据发球的力量与正常的截击与凌空拦击(击球动作小前挥动作小)的随球动作相似。在这种情况下,球员通常力求接好发球并尽快回位到场地的正中央准备迎击下一次来球。

三、基础技术

现代网球技术中最基础、最常用的击球方法之一就是落地球技术,也是初学者最先学习的技术。击落地球是站在端线后一米左右的位置,将落在靠近端线内附近的来球回到对方有效区内的一种网球基本技术。要想学好网球,首先学会击落地技术,无论是比赛还是训练场上,绝大部分的时间都是运用击落地球技术,落地球又包括正、反拍两种击球技术。

1. 击好落地球的基本要素

1) 观察球

观察球是击好球的基础,它包括观察对手击球姿势、来球的球速、球的旋转,以便做出相应的准备。在场上打球时,眼睛始终盯着球,从对手击球出手的瞬间开始到自己球拍击到球,眼睛的视线都不可离开球,这样才能做到准确无误的击球。

2）后摆引拍及时

后摆引拍是整个击球动作的开始，与观察球是相辅相成的，只有准确地观察到来球，动作才能相应地与之配合，在什么时候开始引拍对击好球很重要的（图13）。优秀运动员可做到当球刚离开①号位就已向后引拍，一般球员在球到达②号位时也已做出引拍动作，最迟到③号位，已到④号位后引拍就慢了，这也是很多初学者为什么经常感到挥拍击球时球已到了身边或是已飞到身后而常感来不及打球。

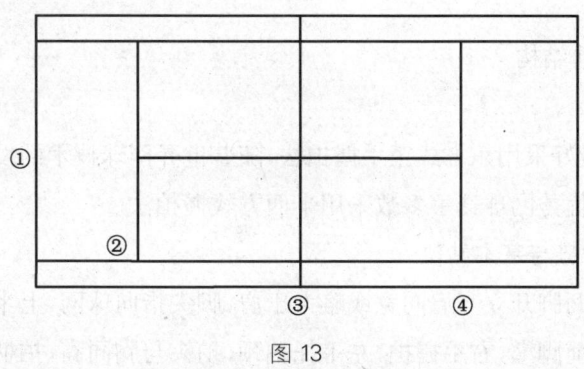

图 13

3）保持平衡

从目前世界网球技术水平的发展来看，要想打好球，不单是靠手臂控制击球，由于速度、力量的加强更主要的是靠身体重心的稳固，这样击球时保持平衡就非常重要了。而要想保持身体平衡，首先要做到前两个要素，否则击球时总是处于匆忙之中，应该在移动到位准备击球时身体已经稳定下来，另外保持球拍头的稳定也是必要的，这样就需准备时、击好球后执拍手不扶住球拍的颈部，保持拍头的稳定。

4）随势动作

指的是球拍触球后继续向前挥摆的一段动作。球碰拍后对拍面有一定的碰撞，而拍面对球有一定的反弹力，如果拍面击球后突然间停止向前运动，对球缺少了携载效果，球向前飞行的方向就会突然改变，从而达不到你所预想的目标。

2. 击落地球准备姿势与基本站位

击落点球的站位一般在端线后一米左右的位置，面对球网两脚左右开立，与肩同宽，两漆微屈，脚后跟提起，重心落在两前脚掌，身体微前倾，采用东方式正手握拍法，另一只手握球拍颈部，将拍置于体前，拍头与胸同高，拍柄在腰的部位，拍头指向前或略偏向自己的左侧。

3. 正拍技术

指用持拍手掌心一边击球的方式称之为正拍,是网球基本技术之一,同时也是一项最重要的技术。现代网球运动底线回合中,正拍击球技术是多数高水平运动员控制比赛的手段。利用正拍将对手控制在一定的节奏和空间内,从一开始就控制比赛的主动权。初学阶段往往从正拍开始,也将会成为你有力的进攻武器。

1) 基本动作结构

(1) 握拍法

初学阶段最好采用东方式正手握拍法,随着世界网球技术的发展,球速力量的增强,现在许多优秀网球选手多数采用半西方式握拍法。

(2) 预备姿势与基本站位

面对球网,两脚开立与肩同宽或略大于肩,脚尖指向球网,上半身朝前倾,双膝微曲,重心放置前脚掌,右手握拍,左手托拍颈,拍头与胸同高,拍柄与腰同高,手臂自然伸开置于体前,两眼平视前方。

(3) 转肩与后摆

当判断来球向自己的正拍飞来时,首先做到双肩开始向后移动,同时带动球拍,此时髋关节的转动幅度小于肩的转动,肘关节弯曲与自己的身体之间有一个半拳头的距离,球拍继续向后引拍,向后引拍时可以采用像英文字母"C"一样的摆动,也可用直接向后引拍的方法,直至将球拍头指向身后护栏。转身引拍的同时非持拍手协助转肩转体向后引拍,然后向前伸出指向来球,几乎与持拍手在同一高度,有助于保持身体平衡。

(4) 平衡与击球

无论是在向后引拍还是在整个击球过程中,应该始终保证能在身体平衡的状态下完成击球动作,网球不单单是靠手臂打球,更主要靠重心的稳定,当判断来球后主动的移动,使击球时身体、球拍已稳定下来,并要学会用非执拍手帮助执拍手不使球拍上、下晃动。准备击球时,左脚向右前上方跨出一部,步幅适当,随机利用肩关节向内转动带动球拍向前击球,通过重心从后向前的移动,使髋关节有个略微的转动,此时左肩基本上还是侧对球网,要避免还没有击到球时左肩过早打开而面向球网,击球点保持在左髋关节前、后 30 厘米左右,击球时前臂与大臂保持一定的弯曲度,手腕固定,拍头不要下垂,以避免单靠手腕或前臂击球,破坏击球的稳定性,同时也会造成手腕的伤害,球与拍接触点尽量保证击在拍子的中心部位,也就是"甜点"上,可以获得最好的击球效果。

(5) 随势与还原

随势也就是球拍将球击出后继续向前挥动的一段动作,可以说是整个动作是否完整的象征,在初学阶段往往会忽视随势的重要性,它主要是体现球拍的挥动与球的飞行方向保持较长时间的一致性,起到"携载效果",这样球就可以向你预想的方向飞行,并有一定的控制力,所以球拍触球后应继续向前挥动而不要停止,直到拍头指向对方侧后护栏,动作正确与否,看后脚跟是否提起对向身后护栏。为及时准备下一次击球,击球后应立即还原成开始准备击球时的动作,同时利用脚步的移动,合理地选择好准备击球的位置。

4. 正拍上旋击球

1) 特点与作用

上旋击球是现代正拍击球的一个主要特征,上旋球的特点是球在空中飞行弧线较高,下降速度快,落地时反弹高且前冲快。球员试图发力并想控制球时,上旋球就是一个非常有效的方法,可以增加球过网并落到界内的概率。

2) 动作要点

上旋击球是正拍击球的一种,开始阶段与正拍基本要求相同,只是球拍准备向前击球时,拍子要在球的下面,但不是靠下垂拍头,而是重心要降低使整个球拍降低下来,球拍击在球的后下到前上,包裹着球,大臂带动前臂由下向上提起,形成一种"关"的趋势,上旋击球更应尽量避免靠前臂、手腕击球,击球后的随势动作拍头不是指向前而是顺势带到自己的左肩上方,击球动作完成后同样及时还原。

5. 正拍平击击球

1) 特点与作用

多采用东方式或大陆式握拍方法,实际上没有绝对的平击球,只是相比较上旋球来说旋转较少。平击落地球飞行弧线较低,速度快,球落地后弹跳不高,向前冲力大,具有较强的进攻型。在底线对拉相持中,不仅可以为进攻创造机会,也可在接发球抢攻和中场抽杀创造直接得分。缺点是由于平击落地球的飞行弧线较低,故成功率和准确性较差。

2) 动作要点

握拍、准备姿势与引拍同击落地球相同,引拍结束后充分利用腰、髋的扭转,及来自腿部的蹬力,带动球拍由后向前的挥拍击球,拍面与球接触点在球的中部或上部,发力方向是以向前为主,向上带的幅度不大。

6. 反拍技术

反拍击球是指击位于执拍手异侧的来球,是网球基本技术之一。常常作为业余球员弱项的反拍、正拍和发球构成网球击球技术的核心。由于反拍击球是一种反关节运动,学习起来不如正手击球容易,一旦掌握要领后动作固定下来不会出现变形而影响击球。

基本动作结构:

(1) 握拍法

单手反拍一般采用大陆式、东方式反手握拍法。双手反拍在东方式正手握拍法的基础上转动右手,使其接近东方式反手握拍法,将左手放在右手上方,呈接近东方式正手握拍法。

(2) 准备姿势与基本站位

与击落地球准备姿势和基本站位相同。

(3) 转肩与后摆

当球向反拍飞来时,双肩带动球拍开始向后转动致使自己背部对着球网,转动过程中手臂要自然贴近自己的身体,髋关节也随之转动重心落在后腿上,后摆时球拍头转动大于正拍指向身后侧护栏,此时头部不要跟着向后摆动,保持正直位,眼睛越过前肩盯着来球。

(4) 平衡与击球

无论是正拍还是反拍击球都应保正击球时身体的平衡及球拍头的平衡,所以准备后摆过程中,击球前非执拍手一定不要离开球拍,准备击球时右脚向左前上方跨出一步,脚落地同时重心跟向前,大臂带动球拍向前挥动,在右髋前击球。反拍的击球点要早于正拍,主要是后引拍大于正拍,加之关节反向运动,晚的击球点往往会造成击球无力。击球时肘关节稍弯曲,靠近身体手腕固定,保持一定的紧张度,应避免让手臂伸得很直来完成反拍击球动作。

(5) 随势与还原

击球后手臂带动球拍继续向前挥动,肩关节逐渐地展开,直至使拍头指向对方后护栏,整个动作完成中,重心始终保持稳定,击球过程中身体不要抬起,击球后还保持侧对球网,完成动作后前脚向后撤一步及时还原准备姿势,回到中心位,准备下一次击球。

7. 反拍单手上旋击球

反拍单手上旋击球是反拍技术中相对难度较大的一项技术,它需要击球手臂前臂、手腕有足够的力量,其准备姿势、站位以及转肩后摆与反拍击球相同,握拍采用东方式反手握法,后摆到位后,准备向前击球时,整个球拍下降至来球的下面,在球下降前期击球,击球时手腕、前臂保持稳定,利用大臂带动前臂,球拍击在球的后下到前上部,包裹着球。上旋击球充分利用肩关节的转动,而不要靠前臂、手腕的外翻,这样击球的稳定性差,另外容易对前臂手腕造成伤害。在击球过程中手腕一定保持稳定,击球后,手臂继续向前挥动,拍头指向上方。

8. 反拍单手下旋击球

是反拍技术中防守技术,如果在比赛中运用得当,同样也可以成为战胜对手的一种反守为攻击球方法,可以采用东方式反拍握拍法或大陆式握拍法,击出球的特点主要是落地后反弹低,基本上不向后跳,可以缓解对方攻势,同时改变击球节奏。预备姿势与基本站位同反拍相同,转肩向后球拍后摆基本上根据来球的高低决定球拍后摆时的高度,后引拍时肘关节弯曲贴近身体后引拍,非执拍手帮助执拍手向后引拍,球拍引至身体侧后护栏,准备击球时,右脚向左前上方跨出一步,落地同时球拍开始向前挥拍,此时肘关节逐渐地伸展,但主要还是靠肩关节带动球拍向前挥动,击球时手腕保持固定,根据来球高低调整击球拍面角度,来球高时拍面向后倾斜角度小,反之大,击球后利用肩关节带动球拍向前,应该注意的是击球时不能只靠前臂和手腕击球,那样击球动作幅度小,球前送不够,击球后整个手臂自然伸开前送。

9. 反拍双手击球

在单手执拍基础上,借助另一只手的力量,使击球的力量增加、稳定性增强,具有一定攻击性,并且较之单手容易掌握,如今成为世界一流球员的主要武器。

(1) 握拍法

执拍手采用反手握拍法,另一只手放在执拍手上面,采用正手握拍法,两手尽量靠拢。

(2) 预备姿势与基本站位

与击落地球方法相同。

(3) 转肩后摆

看到来球后迅速改变握拍法,同时辅助手及时放在执拍手上,但双臂应紧靠身体做绕圈的后摆动作。如此才能打出有力的上旋球。同时,身体离击球点的位置要比反拍单手击球要近一些,这样才能用双手握拍法有效地击球。向后转肩时两手贴近自己的身体,右手臂较直,左手臂弯曲,后摆时的幅度较之单手小,与正手后摆大致相同,可采用"C"形或直拉式后摆。

（4）平衡与击球

在双手击球中平衡相对更重要,失去重心后双手是无法象单手一样作出应付的。所以击球时脚步要尽量移动到位,保证身体重心稳定下来后击球,准备击球时右脚向左前上方跨出一步,右手略微下压拍柄,两手同时用力,利用髋关节的转动,同时膝关节、踝关节都需要有转动,在右髋稍前处击球,击球时两手臂较贴近身体,拍头保持基本垂直地面。

（5）随势与还原

击球后双手带动球拍继续向前挥动,动作完成时左臂较直而右臂较弯,拍头挥至左肩上方,随之左脚跟上,迅速还原,整个动作需要协调,否则就会感到不舒服,反而失去了双手执拍的有利性。

10. 反拍双手上旋击球

主要是向前击球时球拍落在来球的下面,击球前脚向左前上方跨出一步,利用髋关节的转动击球时,执拍手臂下压拍子,辅助手将球拍提拉起来,拍子形成自下而上的趋势,击球时双臂略微弯曲,击球后球拍向前,像用左手打正拍击球一样,随球动作完成左臂较伸直,而右臂弯曲,身体重心跟前。

11. 双手正拍击球

准备动作与正手击球相同,握拍时右手采用东方式握拍法搁于上方,左手也采用东方式握法,放在右手下面双手靠拢,虎口所对分别是东方式正、反拍位置,转肩后摆与正手击球相同,左臂较直,右臂弯曲,拍头指向身侧后护栏,击球时可采用关闭式或开放式脚步站位,其关键是来球后利用髋的转动使手臂带动球拍向前击球,击球点在与左髋平行处,击球时右臂向前挥,左臂向前拉带,双臂略弯曲,击球后的随球动作象正拍击球一样,自然向前,击球后右臂较直,而左臂弯曲,重心随之跟进。

二、进阶技术

进阶技术包括网前截击技术、高压技术。

1. 网前截击技术

通常指击球者在网前用球拍将来球在未落地之前,凌空"戳击"过网称之为网前截击。

截击技术是目前高水平球员单打采用发球上网、接发球上网战术和双打网球比赛中最为常见的一项重要的得分手段。同时也是一名正在成长的球员必须要学的技术,并能使自己的技术水平提高到一个新的高度。

网前截击技术包括正拍截击和反拍截击。

正拍截击和反拍截击又包括中场截击、高空截击、低空截击、近身截击和抽击式截击(凌空抽击)。

1) 截击的基本要求

截击球是一项比较容易掌握的技术,但是由于站位靠网,较接近对手,因此在比赛中截击球也是较难运用出来的,需要掌握一定的时机。

(1) 提前准备

(2) 转动身体

(3) 后摆缩短(如来球速度较慢时,后摆可稍大)

(4) 腿部蹬地

(5) 击球点在体前

(6) 随挥动作缩短

(7) 快速还原

(8) 短而有力且急停

2) 基本动作结构

(1) 握拍方法

网前截击技术的握拍方法已经讨论几十年了。首先,你要确定是否有足够的时间变换握拍的方式。在压力非常大的情况下,变换正拍或反拍截击的握拍方式是不太可能的,在追身球或短距离的截击回合中,几乎是没有时间变换握拍方式的。

高水平球员通常使用大陆式握拍法进行正反拍截击。然而也有球员使用东方式握拍法进行正反拍击球,因为他们有时间准备击球。研究表明,有充分的时间改变握拍进行正拍和反拍截击。换握拍或不换握拍,并不存在那一种是绝对好的握拍方法,对于手腕力量比较差的球员采用"有弹性"的握拍会感觉比较舒服。

(2) 准备姿势

身体面向球网,两脚平行分开略大于肩,膝关节微屈,脚后跟微抬,身体重心放置于前脚掌上,持拍手持拍,非持拍手托拍,拍头高于球网(便于快速引拍),自然置于体前。两眼平视前方。

3) 正拍截击技术

(1) 引拍动作

在对方击球前,双脚同时垫步,转肩转腰(以右手为例),以转肩转腰带动球拍后摆,后摆动作不超过肩的假定延长线,拍头高于手腕,肘关节微屈,手腕形成45°角拍面略开。

(2) 向前挥拍和击球

引拍结束后,球拍向下向前移动,同时左脚向侧前方作45°角跨步,跨步的时机很关键,过早、过晚都不利击球,击球前瞬间跨步最好。同时双肩也向前转,肘关节伸展,拍面稍开,击球点在左脚脚尖的延长线上(在体前),以短促而有力的动作向前迎击来球,拍面击在球的中下部。

(3) 随挥动作

球拍向前下挥动,身体各部分逐渐减速,随球动作幅度极小,否则会影响下一拍球的准备动作。击球结束马上还原呈准备姿势。

4) 反拍截击技术

(1) 引拍动作

在对方击球前,双脚同时垫步,转肩转腰(以右手为例),以非持拍手带动球拍向左肩后摆,后摆动作不超过肩的假定延长线,拍头高于手腕,肘关节微屈,手腕形成45°角拍面略开。

(2) 向前挥拍和击球

引拍结束后,非持拍手放开,保持身体平衡。球拍向下向前移动,同时右脚向侧前方作45°角跨步,跨步的时机很关键,过早、过晚都不利击球,击球前瞬间跨步最好。同时双肩也向前转,肘关节伸展,拍面稍开,击球点在右脚脚尖的延长线上(在体前),手腕紧绷,以短促而有力的动作向前迎击来球,拍面击在球的中下部。

(3) 随挥动作

球拍向前下挥动,身体各部分逐渐减速,随球动作幅度极小,否则会影响下一拍球的准备动作。击球结束马上还原呈准备姿势。

5) 中场截击

(1) 特点与作用

中场截击在网球训练及比赛中,通常称之为一拦,即第一次拦击。在网球比赛中,发球上网和接发球上网时,不可能第一时间跑位至近网,多数在对方击球时跑位至发球线附近,在对方击球瞬间应有一个双脚跳步停顿,以便于重心的转换,然后迎球做中场截击,中场截击落点与质量的好坏,是底线与网前连接的重要技术环节,并且直接影响到下一拍进攻的衔接,或场上是否占有主动得分的机会。中场截击在发球上网、接发球上网和随球上网进攻型战术中起到至关重要的作用。中场截击一般站位在发球线附近的位置。

(2) 动作要点

身体面向球网,两脚平行分开略大于肩,膝关节微屈,脚后跟微抬,身体重心放置于前脚掌上,持拍手持拍,非持拍手托拍,拍头高于球网(便于快速引拍),自然置于体前。两眼平视前方。在对方击球瞬间(前),双脚同时垫步,(以右手为例)转肩转腰带动球拍向肩部后摆,拍头高于手腕,肘关节微屈,拍面略开。引拍结束后,球拍向下向前移动,同时左(右)脚向侧前方作45°角跨步,跨步的时机很关键,击球前瞬间跨步最好。同时双肩也向前转,肘关节伸展,拍面稍开,击球点在左脚脚尖的延长线上(在体前),以短促而有力的动作向前迎击来球,拍面击在球的中下部。球拍向前下挥动,由于中场截击击球线路较长,所以击球后的前挥动作要稍长些,击球结束向网前逼近,准备近网截击或高压。

不论是正拍还是反拍中场截击,球拍拍面应随对方来球的高度随时进行调整,截击中场高球时,拍面应垂直或略朝下,击在球的中上部向前向下挥击;截击低球时,拍面应打开,击在球的中下部向前向上挥击。

6) 近身截击

(1) 特点与作用

近身球是网球球员面对的又一种特殊情况,比正、反拍截击的难度要大。近身截击一般会没有时间选择击球的方式。对于一个较慢的追身球,运动员可以有充分的时间侧向移动来进行"正常"的正反拍截击。而对于一个较快的追身球,就需要很快的步法移动和相应的身体准备来确定击球点。近身截击球处理或掌握不好,就会失去网前的主动权。

(2) 动作要点

准备动作与正、反拍截击动作一致。当球朝向身体正中飞来时,如运用正拍截击,应转肩侧身同时左脚带动右脚向左侧前方跨步,重心落在左脚上,在体前击球,击球瞬间手腕固定并紧握球拍,根据来球的高度向前或向下撞击来球,击球后的随挥动作小,并迅速还原呈准备姿势。如运用反拍截击,动作要点与正拍相同,步法则相反。

7) 低空截击

(1) 特点与作用

低空截击是网前最难掌控的击球动作,也很难直接得分。球员必须靠近地面和球网击球(球拍击球点位于球网下端或贴近地面),而且还要将球击过球网,这是一种防守型击球,但如果击出的球很低而且靠近底线,则可变成进攻性击球。

对于一个用右手持拍的运动员而言,只有当右膝弯曲接近地面时,髋和肩才能降低。右膝弯曲的主要作用就是尽量使低的击球点在肩部的高度。只要击球点低于肩部高度,球员通常就会过分地打开拍面或拍头下坠,截击球速就会较慢、较高,缺乏威胁,从而使球弹跳后就更没有威力。然而在这样一个低于肩部的击球点我们仍然可以打出稳固的、大力的截击,但一定不要通过弯曲脊柱或髋部来降低肩部的高度,这样将会影响腿部以及髋部、肩和球拍的启动。

(2) 动作要点

准备动作与正、反拍截击动作一致。转肩转腰带动向后引拍,引拍尽量小,根据来球的高度调整引拍高度,拍面稍后仰,球越低后仰越大,在体前击球,击球瞬间手腕固定并紧握球拍,根据球的高度向前或向上撞击来球,击球后的随挥动作小,并迅速还原呈准备姿势。

8) 高空截击

(1) 特点与作用

截击肩部高度的球或靠近球网并高于球网的球是非常容易。高位截击是一种进攻型击球动作。在开始学习网前截击技术更多的注重高空截击技术,因为高空截击最容易掌握并形成网前截击技术动作。

(2) 动作要点

准备动作与正、反拍截击动作一致。转肩转腰向肩后上方引拍,引拍结束持拍手高于肩,在体前击球,拍面略开,借助身体上步向前撞击来球,击球后的随挥动作小,并迅速还原呈准备姿势。

9) 凌空抽击

(1) 特点与作用

主要用于对方连续打出高弧线球时,或在底线对攻中占据优势时,对方回击球的质量比较差、弧线高且慢的球所采用的一项进攻技术。

(2) 动作要点

凌空抽击和惯常的击落地球区别不大,握拍方式相同、挥拍方式相同,步法相同,区别在于只是不让球落地反弹,在空中就击打而已,在击球中加些上旋以增加更多的控制能力。

10) 近身截击

(1) 特点与作用

追身球截击比正、反拍截击难度要大,这主要存在一个反应快慢及步法移动的问题,在对方朝两侧破网不成功时,往往会朝中路打来,如准备不充分就会措手不及，近身截击处理或掌握不好，就会失去网前的主动权，因此需要运动员掌握好近身截击技术。

（2）动作要点

准备动作与正、反拍截击动作一致，两膝微屈，面对球网，重心落在前脚掌上，拍子放在身前注视对手。当球朝着偏正拍中路来时，左脚向左侧迅速横移，向左一步，重心落在左脚上，同时转体侧身，击球点始终保持在身体前面。另一种方法是当球朝反拍中路来时，动作准备要点与正拍中路球相同，步法则相反。击球时手腕要固定并紧握拍子，根据来球高低向前或向下撞击球。击球后的随击动作小，并迅速回到原来位置，准备截击下一板球。

2. 高压技术

通常是指击球员在网前或中场，挥拍将处在肩部高度以上的来球向前下方扣击过网的一种击球方法。高压球同截击球一样，属于上网击球技术，是对付对方挑高球的一项进攻技术，良好的高压球技术，能为上网截击增加信心和威力。根据对方挑高球不同的高度和落点的深浅，高压球可分为前场高压、后场高压、落地高压和反拍高压。

1）基本动作结构

（1）握拍法

采用东方式反拍或大陆式握拍。

（2）预备姿势与基本步法移动

运用网前截击的准备姿势，当对方挑高球时，应侧身转体侧对球网，两脚前后开立，看到来球后左手伸出指向来球，执拍手直接向上拉动球拍向后，抬起手臂曲肘。由于球是在飞行中，要想击准来球，脚步是需要不断地调整移动，一般采用并步或交叉步移动，找好最佳位置后站定，同时左脚向前跨出一步，如果来球很深需要跳起击球，用右脚蹬离地面，左脚向后、右脚向前伸，以左脚先着地。

（3）击球与随势动作

准备击球时，球拍向发球"搔背动作"一样降低至背后，手臂带动球拍尽量向前上方伸展，高压球的击球点与发球的击球点非常相似，球拍向上挥动前，非持拍手臂向前向下运动，两肩连线更多地接近于垂直位置，而不是水平位置。高压球一般很少带旋转，像平击发球一样，转动手腕使拍面正对来球，在自己的额前上方击球，击球后肩关节向前送出，做一全弧运动将球拍挥至身体左侧，随之右脚跟进一步，随挥动作与发球的结束动作相似。

2）前场高压

通常是比赛中对方回击的高球在近网处。前场高压必须准备充分，身体侧对球网，离球网越近击球点越靠前，反之就稍向后击球。

3）后场高压

这是一种难度较大的高压技术。通常是比赛中对付对方质量很高的深高球时所采用的。后场高压要求快速侧身，同时向后侧步，置身于来球的后方，利用后脚蹬起离地，转体在空中击球，非持拍手带动持拍手向持拍手异侧挥动。前脚落地，还原准备再次击球。

4）落地高压

落地高压主要是对付很高的基本垂直的高球。球员向后移动，让球落地弹起，侧身调整步法置身于球的后面，双脚落地，扩大支撑面以获得更好的平衡和更大的力量，击球点与发球非常相似，在球拍向上挥动时，非持拍手臂向下运动，随挥动作与发球动作基本一致。

5）反拍高压

在高水平比赛中，多数球员力求将高球挑至对手较弱的一侧（反拍一侧），因此，球员不得不用反拍高压进行击球。使用反拍或大陆式握拍方法，侧身向后侧跨步，同时引拍，球拍引至腰部高度，低于肘部，上体后倾，身体重心在后脚，向前击球时利用后脚蹬地转体，在身体前方击球，击球后手臂继续挥动，腕部弯曲，背部向着球网，前脚落地。

三、高难度技术

1. 高点击球

1）特点与作用

高点击球是网球比赛中的一项进攻型技术。其目的是向对方施加压力，使对手产生压迫感并在战术应对中出现失误。主要是通过缩短击球的间隔时间、加快击球速度和加大击球角度，以及战术的突然转换来完成的。一方面是迫使对方移动不到位，无法控制来球或追不到来球而失分。一方面也是为了缩短对方每次击球的间隔时间，使对方在最短的时间内迅速做出快速应对的反应，向对方的各项能力提出挑战。此外，抢点击球还有一些特殊的意义：首先越是高点进攻，球员必然站位越靠前，球员离球网越近，击出球的角度越大，对方移动的距离越远。其次，向前高点进攻也必然促进了战术转换的加快。最后由于高点进攻促进了战术转换的加快,也对球员技战术的全面性提出了更高的要求。因此,球员必须具备良好的网前截击与高压技术,高点击球才能达到最佳的实效性。

2) 动作要点

高点击球并不是无限制地把击球点往上延伸,最佳的击球高度在胸口范围,无论是正拍还是反拍的高点击球,手臂都要充分伸展,如果过分收紧,击球就会没有力量或控制不住球,引拍完成后,开始加速球拍,向前挥拍应降低拍头,让拍头比球略低,高点击球也要有抽击上旋球的感觉,击球点在体前,前挥动作尽量充分,这样可以增大击球的力量。

2. 上升期击球

1) 特点与作用

上升期击球是高水平球员应当具备的基础技术之一。在上升期击球可以最大限度的借力,有助于击球时的发力和击球节奏的变化。但上升期击球的难度较高,需要球员具备良好的心态和精准的判断力。在世界高水平运动员的对抗中,在上升期击球,在来球刚刚跳起,没有上升到高点就击球,好比打了一个时间差,令对手没有时间进行下一板连续进攻。如果比赛处于相持的过程中,突然改变击球点,在来球的上升期击球,这样回球的节奏就会加快,会让对方很不适应,可以为自己创造出更好的进攻机会。

2) 动作要点

球员站在底线或底线稍靠前一点的位置,在球弹起上升时击打它,这样击球可以打出更大的角度。后引拍稍稍低于球的高度很重要,这对于更好地完成上升球的击打是必要的,击球点在体前,球的高度越高,击球点越靠前。打上升球时上旋应减少,旋转过大会使球前冲减小,因此最好是水平挥拍。上升期击球要求有很快的移动速度,充沛的体力,很准确的判断,当然技巧也是日积月累出来的。

3. 反弹球

1) 特点与作用

在当今的现代网球运动中,反弹球是一种难打而微妙的击球技术,这种球的击球方法是在对方来球从场地刚刚弹起还未跳至高点之前,立即用前臂带点手腕动作,把球反弹击到对方场区。球员多数是在被动时,来不及后退击球,或向前截击时所采用的击球方法。

2) 动作要点

反弹球是打刚从地面反弹起来的低球,必须使球拍靠近地面击球。击球前屈膝弯腰，降低重心，拍面角度要适当前倾，来球速度越快，前倾角度就要适当加大，击球点在前脚之前，原则上击球时间越早，击球动作越小，击球点越晚，击球动作相对就大一些。

四、技巧性技术

不是每一个球员都专注于发力。击出某种技巧性球的能力，经常决定了得分效率的高低。技巧性较强的技术动作，在单、双打比赛中也是非常重要的技术，主要通过旋转、弧线等变换击球节奏，打乱对方。

1. 放小球

1）特点与作用

放小球通常指击球者运用隐蔽细腻的手法，使击出的球的落点贴网且反弹和前冲力较小。它是网球比赛中突袭制胜的一种手段，放小球应用得当，会是一个非常有杀伤力的武器。通常是在对手失去位置和远远的退后在底线时使用。在对付向前移动慢的球员和网前技术差的球员时非常有效。放小球也可作为一种节奏变化来打乱许多球员的击球节奏。

2）动作要点

采用大陆式握拍方法，击球动作与截击球动作相似，动作隐蔽，后摆与底线反拍切削球相似，球拍由高向低向下挥动形成一个较短的击球面，拍面稍开，击球点在球的下部，使之产生下旋，随挥动作向前推送或稍微弧形向上挥动，增加球的旋转，使球过网落在近网处尽量减少向前的冲力。

2. 挑高球

挑高球是把球向高空挑起，在对方占据网前优势，被迫使用的一种防御性击球方法。挑高球的弧线很高，通常从这边的底线高放到对方一边的端线附近，其目的是为了迫其后退，赢得时间，摆脱困境，占据有利位置。高球挑得隐蔽，可以减弱对方在网前的优势，使自己从被动转为主动。为了达到进攻和防守的双重效果，挑高球技术可以分为防守性挑高球和进攻性挑高球。

1）防守性挑高球动作要点

采用大陆式握拍方法，侧身转肩，向后引拍与底线正、反拍击下旋球相似，向前挥击击球时，手腕紧绷，拍面打开更多，球拍击打在球的中下部，由后下方向前上方挥拍，为了更好地控制球的高度和深度，尽量让球在球拍上停留的时间稍长些，前挥动作向前向上,身体重心稍向后移。

2) 防守性挑高球特点与作用

防守性挑高球又称之为下旋挑高球,它的飞行弧线高,球速慢,比较容易控制,多运用于被动情况下,为赢得回位时间所采用。

3) 进攻性挑高球动作要点

采用底线正、反拍的握拍方法,侧身转肩,引拍与正、反拍击上旋球动作相似,挥拍击球时,拍面接近垂直,击球点比底线正、反拍稍晚一些,由低到高强烈地摩擦球的后部,以产生强烈的上旋,前挥动作必须朝向所要击出球的方向充分跟进,在身体左侧结束。

4) 进攻性挑高球特点与作用

进攻性挑高球又称之为上旋挑高球。上旋球可以为运动员击球提供更大的失误空间,击出的球有强烈的上旋,球在空中飞行的速度比下旋高球要快,球在落地后的前冲会突然增加,因为和底线正反拍击球动作相似,故较为隐蔽,因此能打破对方击球节奏,即使勉强打到高压,也是软弱无力,此项技术是有效扼制网前截击型选手的手段之一。

第三节
网球基本步法

通过本节学习你可以了解到:

(1) 基本步法:跳步、滑步、交叉步、碎步。

(2) 底线击球站位:开放式、直角式、关闭式。

随着网球技术水平的快速发展,步法在比赛中占据着重要的地位,它是及时准确地使用与衔接各项技术动作的枢纽,也是执行各项技术的有利保证。由于网球比赛场地大,运动员需要前后左右奔跑,更重要的是要具有急起、急停、快速变向的能力,才能保证到位击球,因此,网球是一项需要具备多方向移动能力的运动。网球球员必须具备快速、本能地朝各个方向移动的能力。为了能够在比赛时快速地改变方向,一旦学会了基本的移动模式,就应该强调单位时间内的步频和步数。有效的、快速的步法有助于提高击球间的还原速度。为了提高场上移动技能,不仅需要掌握单一的移动技能,而且必须掌握移动模式的组合。另外,网球比赛的场地还有硬地、红土场、草地的区别,因此,运动员要适应在不同场地上的跑动。

近来网球运动越来越追求击球的速度和力量了,即便对业余球员也是如此。

要想在对手有如炮弹般的来球中争得最佳的击球位置,更是难上加难。因此,即便是世界顶级的职业球员也都不得不花大力气研究自己的步法,以求合理地调配自己在场上跑动的范围,赢得更多的制胜机会。

一、基础步法

在网球的不同技术中,除了发球外,其余完成每项技术动作既有各自不同的移动特点,也包含有相同的移动步法,其中的基础步法包括以下几种。

1. 垫步

此步法多运用于网前截击与接发球技术当中。

两脚左右开立,判断对方击球意图后,膝关节微屈蹬地双脚稍微跳离地面,落地时两脚与肩同宽,重心放在两前脚掌脚跟提起,并保持肌肉放松便于启动。垫步能流畅地调整身体、快速向任何方向移动。

在每次击球前,特别是进行网前截击或接发球的时候,球员应该使用分腿垫步法。从准备状态开始,当对手开始挥拍时,膝盖弯曲,做一个小跳跃(高度不要超过5厘米),双脚的前脚掌着地(略宽于肩)。这样会保持一个适当的站位,很容易向对手下一次击球的方向突然起动。

2. 滑步

准备击球或击球后回位的距离较短时,多数球员都会采用滑步(图14)。面对球网,将外侧的腿向所要移动的方向滑动。内侧腿向其移动时,两腿在空中接触(注:依个人习惯,也可不接触),然后进入准备击球状态。

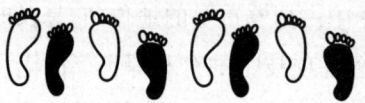
左滑步

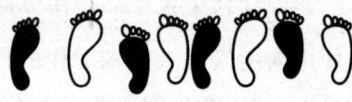
右滑步

图 14　滑步

3. 交叉步

交叉步(图15)较适用于处理距离远而需要做大幅度移动的球。

侧身向击球方向移动,两脚呈交叉状向侧面跨步。向右侧移动,先跨左脚在右脚前;向左侧移动,先跨右脚在左脚前。当一次击球过后,要迅速退回场地中央。

准备下次击球时,交叉步是最好的选择。当向着场地中央移动时,尽可能保持肩膀平行于球网,重心保持在两腿间,两腿呈交叉状向侧面跨步。如果向右侧移动,应先跨左腿在右腿前;相反同理。当你要处理离你距离很远的球而需要做大幅度移动时(如近网短球或大角度的来球),那就先侧身,然后疾速向球的方向奔跑。但如果每次击球都使用这样的步法,就会限制你的变向能力,而且容易导致错误地运用步法。

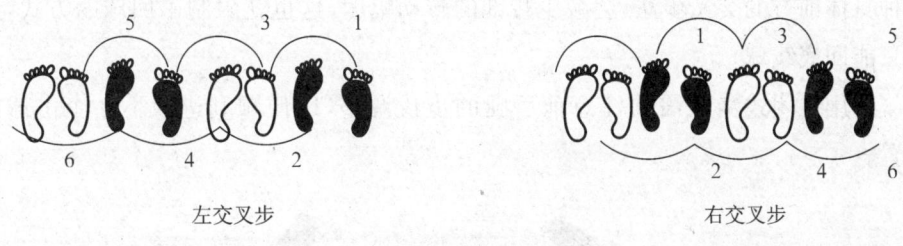

图 15　交叉步

4. 小碎步

在挥拍击打落地球前,通过小碎步调整可以使击球处于最佳的位置。

当接近击球位置时放慢脚步,两脚做小幅度的调整,然后再跨步击球。当球处于比较靠近你的位置推荐使用这种步法;看看一些顶级职业选手在挥拍击打落地球前,都会通过碎步来调整到理想的击球位置。多数业余选手通常只满足于移动到击球位置的附近,这样有时会导致需要弯腰,或伸长胳膊去够球,要不就只能拼命去做非常规的击球动作。提示:尽管你的击球可以过网,但它未必能达到你所期望的效果。通过碎步来调整到最佳的击球位置,将会大大提高你击球的潜能。

二、底线击球站位

底线移动步法也多采用基本步法的方法进行,为了在来球中找到最佳位置,就必须认真地选择适合自己的步法,以求在球场上合理地调配跑动范围,争取更多的主动。在完善步法的潮流中,典型的变化就是球员们站位的角度越来越大了。其实也就是开放式步法越来越被偏爱了。当然,这并不是说传统的关闭式站位已经被淘汰,因为在打反拍球的时候你还必须用到它。

采用开方式站位,能够有效地简化跑动中的击球动作,为下一次击球提供更多的准备时间,而且这样的站位促成你打出的球自然而然地获得更多的上旋。下面,给大家介绍一些在球场上行之有效的站位和步法。学而时习之,将会使你的步法提升到一个全新的水平。

1. 关闭式站位(图16)

引导腿向相反方向跨出击球。

尽管这种方法曾经作为击打大多数球的方法来传授,但现在它通常只用来反手击球,特别是单手反手的选手(通常球员在跑动过程中就完成引拍动作了),因为这种身体前方的交叉步法,会减少腰部的转动幅度,这也就限制了回球的方式,这样只能回底线球。

采用关闭式步法需要注意前后腿的步伐调整,以便顺利进入下一个击球的位置。

正手击球　　　　　　　　反手击球

图16　关闭式站位步法

2. 直角式站位(图17)

如果有时间做击球的准备动作,并能顺利回到下一次击球的位置,这种拉拍将可以使力量得到最大限度的发挥。

有人也称这种动作为"半开放式拉拍"。通常,位置越靠近场地中央,就越有机会使用直角拉拍。练习:把球摆在后腿的正前方,前腿向球的方向迈出,后腿随之自然转动。引拍动作要开放到足以很容易做出转腰动作的位置;另外,也可以通过将身体重心向球的方向转移来击球。这个动作可以将腰部的转动和身体重心转移的爆发力完美地结合在一起。

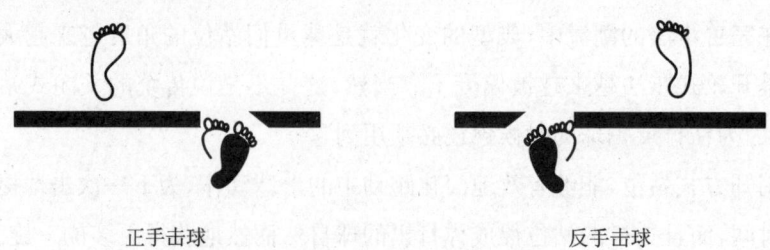

正手击球　　　　　　　　反手击球

图17　直角式站位步法

3. 开放式站位

开放式站位通常是在球员进行大幅度跑动击球时使用。尝试这样做，将右腿（左手持拍球员为左腿）与来球保持在同一直线上，引拍的同时转动腰和肩。通过右腿的支撑，可以减缓移动速度，并将重心移向该腿。

当挥拍时，身体会自然地转向场地，同时支撑腿需要有一个"蹬地"动作。这个蹬地的动作并不是必须要做的，但是这个动作可以保持身体的平衡，并有助于流畅地将力量转移到击球上。在采用直角站位或关闭站位来击球时需要额外多移动一两步，而采用这种站位则可以避免这样多余的步法。

4. 侧身攻步法（图18）

为了使用杀伤力更强的正手，许多优秀选手往往选择在反手区采用正手侧身攻技术，以保证击球的攻击性。判断来球后，采用侧滑步向击球方向移动，待接近球时，右脚拉向左脚的后方，采用侧身位交叉移动，根据击球的路线采用开放式或半开放式站位击球。

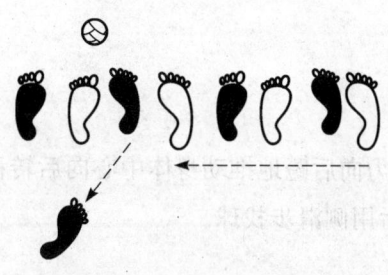

图18　侧身攻步法

三、网前截击步法

网前截击位置多是通过跑动创造出来的，包括从后向前及横向移动等步法。

1. 移动步法（图19）

从后场跑到网前击球时，为能较好地抑制前冲的惯性，首先做出分腿垫步步法，然后采用交叉步进行截击。

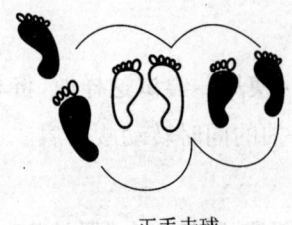 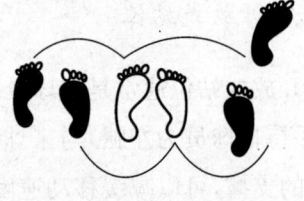

正手击球　　　　　　　　　　　　　反拍击球

图 19　网前移动步法

2. 定点步法

当站位已处于网前，判断来球离身体较远时，首先做一到两步的横向滑步动作，然后运用交叉步向前迎击球。

四、高压球步法

正确的步法，对于打高压球至关重要，不但有利于找到准确的击球点，而且也能控制好身体的平衡。

1. 后退移动步法

判断来球后，左脚用力向后蹬地推动身体中心向后转移，接着左脚从前绕过右脚，完成一次交叉步，然后用侧滑步找球。

2. 向前移动步法

击落地高压球时，需要向前的步法移动击球。判断好来球后，采用交叉步的方法向前移动，快接近击球点时，保持左脚在前做侧身垫步步法击球。

第六章 网球教学方法与步骤

通过本章学习你可以了解到:

(1) 基本的教学方法:课程的组成、课程的准备、安全原则、教案的制定、示范动作的重要性、喂球的要求和方法及练习种类。

(2) 球感界定与球感的练习方法。

(3) 网球各项技术教学步骤和方法:包含落地球技术、发球与接发球技术、网前截击技术、高压技术、挑高球技术、放小球技术。

(4) 网球各项技术在学习过程中的注意事项;常见错误动作及纠正方法。

第一节 基本教学方法

一、课程组成

(1) 介绍本节课的主要教学内容。

(2) 准备活动。

(3) 示范和讲解技术。

(4) 示范和讲解采用何种方法进行练习(挥拍、对墙或是场地对练等)。

(5) 练习内容的实施。

(6) 为保证教学的质量,教师应观察,收集问题,反馈给学生,进行纠正。

(7) 练习比赛/趣味性比赛,目的是检验本节课教学目标的完成情况。

（8）整理活动和讲评。

（9）提示下次课的教学内容或布置课后练习。

二、课程准备

在课程开始前，教师可以采取很多种不同的练习方法，但无论采取何种教学方法或练习方法，必须遵循一些基本的要求。

- 场地数量。
- 学生人数。
- 可使用的球拍与球的数量。
- 学生的水平。
- 学习与练习的目的和要求。
- 学生送球的能力（手送球、球拍送球、场地对打）。
- 场地周边或其他可使用的设施（挡网、练习墙等）。

三、安全

确保每堂课的安全是教师最重要的职责，上集体课是有危险的，因为许多人在规定的区域内共同运动。

保证安全的方法有以下几种：

（1）做示范动作时，确保学生不做挥拍练习，避免碰撞发生。

（2）避免在对打练习中将学生安排在会被其他学生打出的球误伤的地方。

（3）及时移开可能被学生踩上的球。

（4）球筐摆放在学生跑动中碰不到的地方，或者避免学生从球筐内取球时出现意外的伤害。

（5）制止粗野的挥拍，要求学生了解网球是一项控制性的运动。

（6）了解急救的处理方法，以便于发生伤病或意外时教师知道如何处置。

（7）在整个课堂中始终关注全体学生，尽量不要将后背对着部分学生。

（8）将学生分散在安全的距离，以避免学生之间球拍的相互碰撞。

四、教案的制定

（1）练习方法是否安全。

(2) 练习的方法是否适合学生的能力。
(3) 练习方法是否可以达到预期的目标。
(4) 练习方法要符合由简到繁、由易到难的自然规律。

五、示范动作的重要性

做示范动作时应注意以下几点：
(1) 在开始示范动作之前，应说明该技术动作的特征和作用。
(2) 示范动作要慢，并多次重复。
(3) 在做分解示范前应先做完整的动作示范。
(4) 分析和示范球、拍和身体的关系。
(5) 确保学生能清楚看到教师不同角度所做的示范动作。
(6) 在做示范的同时用简单的语言描述动作要点。

提示：任何人都是用80%的时间，通过观摩和模仿来学习；用20%的时间，通过听、读和分析信息来学习。因此，教师在做示范动作时不要忘记讲解。

六、送球方法和要求

教师必须送好球，送好球意味着手送或用球拍送要力量大小合适，而且落点应是学生能做好特殊击球动作的地方，符合学生的学习能力和所学击球技术动作的要求。

1. 方法

理想的送球应从场地上的不同地点送出五种不同形式的球：
(1) 下(上)手抛球/送落地球。
(2) 用球拍击打落地球式送球。
(3) 用球拍击打凌空球的送球。
(4) 在对打中，用网前拦击送球。
(5) 在对打中，用底线送球。

第一种送球在教学中多适用于零基础学生在学习各项技术中使用。
第二种送球在教学中多适用于初级基础学生在学习各项技术中的使用。
第三种送球在教学中多适用于学生提高或改进技术时使用。

第四种送球在教学中多适用于学生提高预判和控球能力时使用。

第五种送球在教学中多适用于有一定基础的学生在提高阶段时使用。

2. 要求

(1) 球筐应放在教师非持拍手一侧。

(2) 送出的球应符合学生的能力和所学击球技术动作的要求。

(3) 送出的球力量大小要适当。

(4) 送出的球落点应是学生能做好击球技术动作的地方。

七、练习的种类与方法

1) 挡网练习方法

学生面朝挡网,自己或同伴之间手抛球,对挡网进行练习。

2) 网球练习墙

网球墙决不仅仅是为被动练习而提供的,它的作用是全方位的。从初学者的球感练习培养到基本技术的巩固和提高;从正反手击球、截击球到发球、高压球的专项技术训练;从力量单薄的少儿、强壮有力的青年到步伐缓慢的老年等各个年龄段的网球爱好者的练习,不论针对哪一种情况,非常实用而有效的一种方法就是网球墙的练习。

对于初学者的重点是球感球性的练习,想进一步提高技术的球员需要进行各种专项技术的练习,着重在于提高动作的稳定性和击球的控制性。

3) 多球练习方法

指教师按一定的教学要求,通过以较多数量的连续供球,使学生按教师规定的练习程序和要求,进行连续地重复单个或多个技术动作的练习方法。

(1) 有利于各项技术的学习、巩固、提高和改进。

(2) 是组合技术、战术配合等战术方法进行模拟训练的有效手段。

(3) 有利于专项身体素质的训练与提高。

(4) 是培养运动员顽强意志力的有效手段。

4) 两人以上对打练习方法

这种方法是为了学生在对打中练习一种技术或技能:不隔网对打:每对学生面对面,相互打给对方。隔网对打:学生隔网对打或不隔网(在球场纵向中间拉根绳子,形成6个小球场,12名学生可同时进行)。

其优点是:

(1) 使学生学习控制球。
(2) 学习判断能力。
(3) 学会跑动中击球的能力。

第二节
球　感

在准备开始学习技术的时候,应先掌握一些抛、接球的球感技能,没有这些球感技能基础,击球的难度就非常大。

一、初学阶段教学方法与手段

(1) 将球抛起,分别在落地后或空中用双手或单手接住(以右手为习惯手,用左手抛球,右手接球,下同)。
(2) 用球筐或纸盒作为目标,直接将球投入其中,距离逐渐拉长。
(3) 左右手分别向地面连续拍打球。
(4) 面对墙抛球,撞墙落地后先用双手接住,熟练后再用单手接住。
(5) 面对墙抛球,撞墙后不等球落地直接在空中分别用双手、单手接住。
(6) 将球抛向身后,分别转身抓住落地球或空中球。
(7) 将球向上抛,分别在原地转圈后接住落地球或空中球。
(8) 两手各抓一球,同时抛起,落地后再用同侧手同时接住。熟练后,同时抛起同时在空中接住球。
(9) 两手各抓一球,同时左手抛向右边,右手抛向左边,在空中用两手接住球。
(10) 两人面对面抛球,分别接住落地球或空中球,距离逐渐拉长,角度逐渐拉开。

二、初级阶段教学方法与手段

(1) 拍面朝上(正拍击球那一面)朝上托球,手腕绷紧,保持拍面稳定,连续托球。

目的:体会球与拍的弹力。

(2) 拍面朝下（反拍击球那一面）朝上托球，手腕绷紧，保持拍面稳定，连续托球。

目的：体会球与拍的弹力。

(3) 一个正拍拍面、一个反拍拍面交替朝上托球，手臂翻转到位，手腕绷紧，保持拍面稳定，连续托球。

目的：体会如何控制手腕。

(4) 用球拍一面朝地面拍球（近似篮球拍球），手腕绷紧，保持拍面与地面的水平。

目的：体会球拍与地面的弹力。

(5) 一个正拍拍面托球，一个反拍拍面托球，再结合拍框，也就是正拍面托一次，反拍面托一次，把球拍垂直于地面用拍框再托一次。然后依次按顺序连续托球。

目的：体会手、脚、眼的配合。

(6) 将球放在球拍上，然后将球抛起，在空中将球接住，但不能让球在球拍上弹跳。

目的：体会球的空间感觉，学会如何控制减力。

(7) 正、反拍托球。朝地面拍球还可以有不同的方法：除原地托球、拍球以外，还可以绕网球场，走着托或拍，也可以跑着托球或拍球。

目的：更加熟练掌握球的弹性和手、脚、眼的配合。

(8) 正拍拍面托球一次，反拍拍面托球一次，拍面垂直地面球拍拍框托球一次，依此顺序连续颠球。

目的：体会手、脚、眼的配合，学会能够固定手腕控制拍面。

三、注意事项

(1) 教学过程中应遵循循序渐进的原则，体会球与拍面、球与地面的弹力，建立正确的球感。

(2) 注意力集中，球在活球期间要紧盯住球，球距离稍远时，注意手、脚、眼的配合。

(3) 球拍触球瞬间，握拍一定要紧，手腕固定，保持拍面的稳定。

(4) 保持身体的平衡，击球动作完整连贯。

第三节
落地球技术

学习网球技术首要目标之一是打下符合生物力学的击球动作基础。球员的击球动作应让人感到舒适,并不会因为长时间运动后对人体造成伤害。运动技能的学习过程分为三个主要阶段:思考、练习和比赛。

一、思考

- 简化每一种击球动作。
- 每次只纠正击球动作中的大错误。
- 对球员做出积极且有建设性的反馈。

二、练习

- 球员的学习能力,因人而异,遵循循序渐进的原则。
- 球员表现出学习新击球动作的积极性,应预于支持。
- 练习是很疲乏的事情。尝试掌握新技术的球员需要保持心理上的新鲜感和充沛的体力,应促成学习新动作时的动力。

三、比赛

- 如果因比赛压力造成击球动作的失败,应告诉球员击球动作没有问题,一旦他认识到是受比赛压力的困扰,你就可以帮助其调整、克服这个困难。
- 在不同区域的击球选择可能是个问题。
- 给你的球员在何时用某一种击球方式进攻或者防守提出建议。
- 让球员将注意力重新集中在具体的战术上而不是某项技术上。
- 一定要教你的球员控制紧张心理和比赛压力的具体措施。(有效的方法包括:深呼吸,肌肉的紧张与放松,夸张的步法或移动以及用脚趾弹跳。不同球员会有不同的方法)
- 在训练时制造一些压力,以使球员面对压力时能及时做出调整。可以用有奖惩的挑战、观众效应或具体的技术测试来制造压力。

四、正拍技术

1. 初学阶段教学方法与手段（步骤）

（1）根据正拍击球技术动作及步法的要求，先进行无球的空拍挥拍练习，认真体会转体向后引拍、转髋及肩和重心移动等动作的要领。

（2）练习挥拍时可把完整动作分为几个环节（例如：准备姿势、转身后引拍、挥拍击球、击球后随挥、还原准备等）来进行教学。

（3）原地练习。侧身肩对挡网，原地做好转身后引拍动作，教师或同伴站在练习者对面，将球放置在腰以上的高度，使球自由垂直落地在练习者持拍手异侧的髋关节前方，练习者待球落地后反弹起在膝与腰之间的高度挥拍将球击出。

（4）原地面对场地或挡网（墙壁）站立，掌心朝上向上抛球，根据抛球的位置，双脚略微调整，待球落地反弹后在膝与腰之间的高度用正拍将球击出。

（5）用多球练习。站在发球线或端线后，先原地手抛球做完整的正拍击球动作，技术动作基本掌握后，再隔球网近距离面对面手抛球练习，由半场逐步过渡到全场，增加送球的距离。

（6）对练习墙进行连续击墙练习。离练习墙7米以上的距离，进行连续击球，开始时可以从地面弹起两次再击打球，逐步过渡到连续多回合击球，击打回合越多越好，并反复练习。

（7）对练习墙进行连续击球练习。两人一组，离练习墙7米以上的距离，按一人击打一拍进行连续击球，击打回合越多越好，并反复练习。

（8）对练习墙进行连续击球练习。两人一组，离练习墙11米后的距离，双打场地的宽度，一人在左边只能用反拍击打，一人在右边只能用正拍击打（一定时间后可交换位置），每人各击打一拍，两人交替进行连续击球，击打回合越多越好，并反复练习。

2. 初级阶段教学方法与手段（步骤）

（1）教师站在发球线用球拍送球，学生站在底线中间，让其连续30拍以上进行正拍击球练习。

（2）随着技术动作的掌握，控制球的稳定性提高，学生站在正手半区或反拍的半区，教师可以在对面网球场内任意一个方向送球，让学生连续用正拍击打球，并反复练习。

(3) 教师在对面场地发球线中间送球,学生站在正手半区或反拍的半区,让学生连续用正拍击打球,要求学生用正拍击打直线与斜线,并反复练习。

(4) 教师在对面场地向发球线中间送球,学生站在中点后面,要求其跑动到平分区击打直线或斜线,击球完成后,迅速回位,并反复练习。

(5) 教师在对面场地向发球线中间送球,学生站在右半区击打一个球,侧身后退在场地中间击打第二个球,再侧身后退在左半区击打第三个球,再跑到中线击打第四个球,再回到右半区击打一个球,依此类推,并反复练习。

(6) 四人一组,站在端线后,击打一个球,回合越多越好。

(7) 两人一组,站在端线后击打一个球,双方回合逐步增加,并反复练习。

(8) 两人一组,站在发球线与端线之间,击打一个球,用完整正拍动作进行练习。

(9) 四人一组,站在端线后,击打一个球,两位学生击打直线,两位学生击打斜线,回合越多越好,并反复练习。

(10) 两人一组,站在端线后击打一个球,右半区直线练习,左半区直线练习,右边对角线练习,左边对角线练习(即四条线练习),双方回合逐步增加,并反复练习。

(11) 两人一组,站在端线后击打一个球;一位学生站在右半区或左半区,一位站在中点后;站在左半区或右半区的学生击打一个直线一个斜线,站在中点后的学生移动中始终回击球到左或右半区,双方交换进行。

(12) 两人一组,站在端线后击打一个球,在单打场地进行,一位学生击打直线,一位学生击打斜线,即"⋈"字形练习。

(13) 两人一组,站在端线后击打一个球,在单打场地进行,直线和斜线的交叉练习。首先A学生击打直线,B学生击打斜线,A学生跑动中击打直线,B学生跑动中击打直线,A学生击打斜线,B学生击打直线,然后从开始的顺序继续进行反复练习,即"N"字形练习。

3. 注意事项

(1) 教学过程中应遵循循序渐进的原则,由分解动作逐步过渡到完整动作,建立正确的动力定型。

(2) 注意力集中,球在活球期间要紧盯住球,不要球拍还未触球眼睛就离开球看向前方。

(3) 球拍触球瞬间,握拍一定要紧,手腕固定,保持拍面的稳定。

(4) 保持身体的平衡,击球动作完整连贯。

4. 常见错误动作与纠正方法

击球点不准确：

原因： 击球前的预判不准确，导致击球时机掌握不好。

纠正方法：

(1) 定点手抛球练习，重复多次练习，重新建立稳定的击球点。

(2) 送球者隔网送尽量相同落点的球，使练习者逐步建立稳定的击球点。

(3) 非持拍手帮助眼睛预判来球，相当于非持拍手伸手去抓来球，逐步增强预判能力，提高预判击球点的准确度。

引拍不到位或不及时：

原因： 后引拍时肘部打开过大；来球落地再引拍，手与脚分工不明确。

纠正方法：

(1) 持拍手后引拍时，上臂稍微夹住一些，前臂继续向后引拍，反复提醒自己。

(2) 预判出球的方向就开始做引拍动作，不要等到脚步移动到位再做引拍动作，应在跑动中已经开始做后引拍动作，脚步移动到位的同时，后引拍也应完成到位。

随挥动作不完整：

原因： 多数练习者认为随挥动作做完整，球就飞出场外，或球打得太高了。

纠正方法：

(1) 球拍触球时间要增长，初学时尽量不要瞬间发力，球拍触球瞬间，拍面一定要保持稳定。不要开拍面，球拍拍面稍开一点，随挥动作做完整后，球肯定飞出界外。

(2) 非持拍手帮助眼睛判断击球点后，还有一点是保持身体的平衡，另外提示持拍手挥拍一定要送至异侧肩上，非持拍手接住球拍。

五、反拍技术

1. 初学阶段教学方法与手段（步骤）

(1) 根据正拍击球技术动作及步法的要求，先进行无球的空拍挥拍练习，认真体会转体向后引拍、转髋及肩和重心移动等动作的要领。

(2) 练习挥拍时可把完整动作分为几个环节，例：准备姿势、转身后引拍、挥拍击球、击球后随挥、还原准备等来进行教学。

(3)原地练习。侧身肩对挡网,原地做好转身后引拍动作,教师或同伴站在练习者对面,将球放置在腰以上的高度,使球自由垂直落地在练习者持拍手异侧的髋关节前方,练习者待球落地后反弹起在膝与腰之间的高度挥拍将球击出。

(4)原地面对场地或挡网(墙壁)站立,掌心朝上向上抛球,根据抛球的位置,双脚略微调整,待球落地反弹后在膝与腰之间的高度用正拍将球击出。

(5)用多球练习。站在发球线或端线后,先原地手抛球做完整的正拍击球动作,技术动作基本掌握后,再隔球网近距离面对面手抛球练习,由半场逐步过渡到全场,增加送球的距离。

(6)对练习墙进行连续击墙练习。离练习墙7米以上的距离,进行连续击球,开始时可以从地面弹起两次在击打球,逐步过渡到连续多回合击球,击打回合越多越好,并反复练习。

(7)教师站在发球线用球拍送球,学生站在底线中间,让其连续30拍以上进行正拍击球练习。

2. 初级阶段教学方法与手段(步骤)

(1)随着技术动作的掌握,控制球的稳定性提高,学生站在正手半区或反拍的半区,教师可以在对面网球场内任意一个方向送球,让学生连续用正拍击打球,并反复练习。

(2)教师在对面场地向发球线中间送球,学生站在正手半区或反拍的半区,让学生连续用正拍击打球,要求学生用正拍击打直线与斜线,并反复练习。

(3)教师在对面场地向发球线中间送球,学生站在中点后面,要求其跑动到平分区击打直线或斜线,击球完成后,迅速回位,并反复练习。

(4)教师在对面场地向发球线中间送球,学生站在右半区击打一个球,侧身后退在场地中间击打第二个球,再侧身后退在左半区击打第三个球,再跑到中线击打第四个球,再回到右半区击打一个球,依此类推,并反复练习。

(5)四人一组,站在端线后,击打一个球,回合越多越好。

(6)两人一组,站在端线后击打一个球,双方回合逐步增加,并反复练习。

(7)两人一组,站在发球线与端线之间,击打一个球,用完整正拍动作进行练习。

(8)四人一组,站在端线后,击打一个球,两位学生击打直线,两位学生击打斜线,回合越多越好,并反复练习。

(9)两人一组,站在端线后击打一个球,右半区直线练习,左半区直线练习,右边对角线练习,左边对角线练习(即四条线练习),双方回合逐步增加,并反复练习。

(10) 两人一组,站在端线后击打一个球;一位学生站在右半区或左半区,一位站在中点后;站在左半区或右半区的学生击打一个直线一个斜线,站在中点后的学生移动中始终回击球到左或右半区,双方交换进行。

(11) 两人一组,站在端线后击打一个球;在单打场地进行,一位学生击打直线,一位学生击打斜线,即"⋈"字形练习。

(12) 两人一组,站在端线后击打一个球;在单打场地进行,直线和斜线的交叉练习;首先 A 学生击打直线,B 学生击打斜线,A 学生跑动中击打直线,B 学生跑动中击打直线,A 学生斜线,B 学生击打直线,然后重开始的顺序继续进行反复练习,即"N"字形练习。

3. 注意事项

(1) 教学过程中应遵循循序渐进的原则,由分解动作逐步过渡到完整动作,建立正确的动力定型。

(2) 教学中不能忽视反拍教学的重要性,可以先学反拍,再学正拍,或两者同步。

(3) 注意力集中,球在活球期间要紧盯住球,不要球拍还未触球眼睛就离开球看向前方。

(4) 球拍触球瞬间,握拍一定要紧,手腕固定,保持拍面的稳定,左手发力,右手辅助发力并控制挥拍的轨迹。

(5) 保持身体的平衡,击球动作完整连贯。

4. 常见错误动作

向后引拍结束双手手臂距离身体太远

原因:过大的引拍,上臂过于伸展,导致球拍远离身体,使向前挥击发不出力。

纠正方法:

(1) 徒手挥拍与定点击球练习,重新建立正确的后引拍动作。

(2) 非持拍手带动持拍手尽量向后引拍,向后引拍时双手靠近身体向后引拍,引拍结束,持拍手手臂靠近腰部,双手手臂自然伸展。

侧身引拍不到位

原因:忽视下肢与腰部发力的作用。移动与转体不是同步进行。

纠正方法：

（1）提高预判意识，提早做好准备。

（2）建立基本的移动意识，引拍与移动应同步进行，移动到位转身引拍也同时完成。

身体重心前移过早

原因： 在还没有向前挥击来球时，过早就把身体重心压向前脚，反拍发力原理不清楚。

纠正方法：

（1）首先清楚反拍发力原理，利用身体重心向前的力量击球，由后向前才能达到从下向上击球的最好效果。

（2）引拍结束身体重心应大部分压在后脚上，体会下肢与地面的反作用力带动腰部、手臂的发力击球过程。

（3）非持拍手单手练习，体会身体重心在击球过程中的作用。

击球点离身体太近或太远

原因： 预判不准确，空间感知觉不好，造成击球难度增大。

纠正方法：

（1）原地手抛球练习，建立正确的击球点位置。

（2）送球者隔网原地送相同落点的球，使练习者建立正确的击球点三维空间，反复练习。

随挥动作不完整

原因： 身体转体向前不充分，球拍向前推球过多，导致挥拍不完整。

纠正方法：

击球完成要充分转体，非持拍手挥拍结束上臂应碰到下颌，双手挥至持拍手肩上。

击球形成推球而不是击球

原因： 击球时手臂在前，手腕在后，使球拍与手臂没有形成在一个平面上，导致发不上力。

纠正方法：

（1）击球向前手腕固定，挥拍触球时手臂与球拍保持在一个平面上，拍头挥出。

（2）放置球拍柄上端的手单手练习，体会拍头挥击球，推球发不上力。

第四节

发球与接发球技术

一、发球

1. 初学阶段教学方法与手段

(1) 必须掌握正确的握拍方法,可采用大陆式或东方式反拍的握拍方法。初学者建议采用大陆式握拍方法。

(2) 非持拍手不拿球,持拍手拿拍做挥拍练习。体会两只手同上同下的协调,舒展地完成完整发球动作。

(3) 抛球练习。要求重视抛球的重要性,发球技术动作掌握的好与坏,与抛球的准确性是相关联的。持球方法要求球放置于手指指根,像端红酒杯的动作。手臂自然伸展,向上托起,抛球手臂伸展至最高点球出手,抛球的高度大约是身高加手臂与球拍的长度,再略高于一个拍面的高度。位置应是身前手表短针 12 点—1 点的位置。好的抛球尽量较少旋转,为保持抛球的稳定性,抛球前头先抬起,眼睛看向击球点。

(4) 侧身面向挡网或墙壁抛球练习。非持拍手拿球,持拍手不拿球拍,侧身肩对挡网或墙壁,手臂顺挡网或墙壁向上抛球,减少球出手后的旋转,保持抛球的准确性,反复进行练习。

(5) 原地抛球练习。持拍手持拍,非持拍手拿球,在身前球应该落地的正确位置上放置一把球拍,按正确的高度反复练习抛球,让球抛起后落在地上球拍拍面上。

(6) 原地抛球与徒手完整技术动作练习。非持拍手抛球,持拍手按完整的发球技术动作用手掌击打球,击打后随挥动作做完整,体会技术动作的完整性和连贯性,反复练习。

(7) 站在发球线后多球练习。持拍手从肩部分解动作开始练习,主要体会球拍向前和向下压的击球感觉,击出的球尽量击在发球区内,逐步掌握后完整动作练习。

(8) "跪式"发球练习。非持拍手一侧单腿跪在端线后,侧肩对向球网,另一条腿与跪在端线后的腿前后排列半站着,此练习要求抛球准确,体会手臂带动球拍向上、向前、向下的挥拍击球感觉,体会增加旋转,以及合理运用转体及腰腹发力在发球技术中的重要性。

2. 初级阶段教学方法与手段

（1）对练习墙进行练习。在练习墙球网标志线上，画一个长和宽1米左右的方框，站在12米左右的位置，运用完整发球技术动作进行练习，前提是抛球准确的基础上才可以挥拍击球，有目的地发向方框内，尽可能提高发球的准确性。

（2）站在端线后场地练习。发球进发球有效区，有意识发向发球区域，提高发球的控制能力。每次拿两个球，第一个发第一次发球，第二个发第二次发球，有意识的练习，减少双误过多的出现。

（3）站在端线后场地练习。发球区一分为二，有意识发向内角与外角，逐步缩小内角与外角的区域，提高发球的控制能力。每次拿两个球，第一个发第一次发球，第二个发第二次发球，有意识的练习，减少双误过多的出现。

（4）发球落点准确的练习。在发球区内外角放置标志物，有意识地击打标志物，提高发球落点的准确性和控制能力。

3. 注意事项

（1）正确的握拍方式非常重要。

（2）两只手应协调、舒展同步进行。

（3）抛球手臂自然向上托起，球抛出后左手依然伸出指向球，在右手持拍挥击球时，左手带动右手向前下摆动。

（4）发球的整个过程应保持身体的平衡，重心的转移应是由前脚→向后脚→向上→向前的过程。

（5）发球技术动作的随挥过程中，右手持拍挥向身体异侧，左手臂自然向前下，与右手自然保持身体的平衡。

4. 常见错误动作

抛球不稳定

原因：抛球手臂不伸直，肘关节过于弯曲，手指动作过于多，手臂没有伸直到最高点球就出手了。

纠正方法：

（1）练习抛球、接球，球必须落在抛球手伸直后的手中。

（2）抛球后保持抛球手臂自然伸直，肘关节不能弯曲。

（3）在身体前方击球点位置放置一把球拍，抛出的球落在拍面上。

（4）两只手分工明确地协调运作，不要相互影响。

击球无力

原因：握拍太紧张，手腕僵硬；抛球过于靠头顶后侧，或击球点偏低。

纠正方法：

（1）调整抛球位置，抛球至身前，球拍与球接触瞬间身体处于前倾状态。

（2）在挡网上确定击球点位置，反复练习挥拍击球动作，建立正确的击球点位置。

（3）握拍太紧张，就不可能有效地利用手腕动作，球拍自然挥不出速度。握拍放松，充分运用手腕的下压的动作。

随挥动作不完整

原因：手腕不够放松，"鞭打"动作做不出，导致随挥动作在身体前结束或没有完整挥出。

纠正方法：

（1）在持拍手异侧放置一个球桶，击球随挥动作把球桶打倒。

（2）击球随挥结束后在身体异侧停留3秒以上的时间。

二、接发球

接发球技术并非是一项固定的技术动作。接球员根据来球的线路、旋转、落点和速度等采用正反拍击落地球的技术方法，将来球回击过网。

1. 初学阶段教学方法与手段

（1）正确理解接发球的站位。应根据发球方的站位、抛球位置的变化与持拍手的不同，来选取合适的接发球站位。原则上发球方站位靠近边线，则接发球方也靠近边线；反之也是如此。

（2）选取发球方击出球的外角最大角度与内角最大角度的中间位站位。

（3）多球练习。练习者把对方从"T"发球线附近发过来的固定线路，运用正反拍击落地球技术还击到对方场地有效区。

（4）对墙练习接发球。站在离墙7米左右的位置对墙发球，预判反弹回来的球，运用正反拍落地球技术回击。

（5）多球发球接发球实战练习。一方发球，一方接发球，接发球在提高成功率的基础上，有意识地控制线路变化。

2. 初级阶段教学方法与手段

（1）多球练习。练习者把对方从"T"发球线附近发过来的规定线路的球，合理运用正拍或反拍击落地球技术还击规定的线路到对方场区，重复练习。

（2）多球练习。练习者正确判断对方从"T"发球线附近发过来的任意线路的球，合理运用正反拍击落地球技术还击固定的线路到对方场区，重复练习，提高成功率。

（3）多球练习。练习者正确判断对方端线发球线附近发过来的任意线路的球，合理运用正反拍击落地球技术还击相同的线路到对方场地深区，重复练习。

3. 注意事项

（1）接发球时对方发球瞬间双脚要有一个跳步，便于快速启动。

（2）注意力集中，观察发球方动作，提早预判，准备动作充分。

（3）对方发球力量越大，引拍和前挥动作越小，可采用推挡回击，控制拍面的方向。

4. 常见错误动作

发球速度太快，导致接发球失误过多
原因：发球速度相对于底线技术力量速度较快，接发球引拍过大，导致击球点过后造成失误。
纠正方法：
（1）减小后引拍的幅度。
（2）手腕固定，借力控制好拍面方向，将球挡出。

接发球站位过于靠后
原因：担心反应时间不够充分，不自信故站位靠后。
纠正方法：
（1）注意力高度集中，提高预判能力。
（2）主动迎前击球。

发球速度较快，反弹较高，导致接发球难度增大
原因：上旋发球落地后向上前冲力较大，接发球击球点过高，造成接发球困难。
纠正方法：
鼓励球员向后一步或两步后接发球，这样会有更多的时间判断场上情况，并做出反应完成动作。

接大角度发球步法移动不到位

原因: 击球前的垫步没有做,造成启动慢、步法的调整不到位。

纠正方法:

(1) 观察发球方抛球的位置及习惯动作,提高预判能力。

(2) 发球方击球时,接发球方要做出相应的垫步,并加强步法练习。

第五节
截击技术

1. 初学阶段教学方法与手段

(1) 建议大陆式握拍方法。网前截击技术距离短,反应时间少,故来不及换握拍方法。

(2) 徒手挥拍练习。反复按正确的动作进行挥拍,建立基本动作概念,形成动力定型,上步与向前击球同步进行。

(3) 手抛球练习。两人一组进行练习。一方抛球,抛至对方身体两侧肩与头部之间的高度,一方转肩引拍,上步击球,体会由上向下的击球动作。反复练习,正反拍交换进行练习,直到熟练掌握。

(4) 多球练习。送球者送至肩部以上高度,练习者斜向前上步在体前击球,击打斜线,建立正确的击球点和迎前击球的意识。

(5) 对墙练习。离墙3米左右的位置,侧肩对向墙壁,连续对墙进行截击,每次击球身体重心都落在持拍手异侧脚上,应根据球的高度调整拍面。越高拍面关闭越多,越低则开拍面越多。

(6) 多球不定点练习。送球者任意左右送球,练习者根据来球迅速做出反应,运用正反拍技术回击直线或斜线,提高判断及控球能力,反复练习,熟练掌握。

2. 初级阶段教学方法与手段

(1) 两人一组隔网对练。两人隔网站在离球网两米左右的距离,进行对拦练习,通过反复练习,逐渐增加回合数。熟练后增加难度,加长两人之间的距离,再反复进行练习。

(2) 多球练习。送球者左右、高低结合,中路任意送球,练习者根据来球迅速做出反应,运用正反拍技术回击直线或斜线,提高判断及控球能力。反复练习,熟练掌握。

(3) 两人隔网直线截击。两人隔网站在离球网 3~4 米左右的距离,进行对拦练习。正拍对正拍进行练习,或反拍对反拍进行练习,熟练后可以增加击球的速度。

(4) 两人隔网斜线截击。两人隔网站在离球网 3~4 米左右的距离,进行对拦练习,正拍对正拍进行练习,或反拍对反拍进行练习,熟练后可以增加击球的速度。体会正斜线与反斜线的击球点。

(5) 一人网前截击,一人底线击球。底线方站在中场的位置,运用 60%~70% 的力量击球,一人网前截击,还击回底线方的位置。反复练习,熟练掌握后底线方逐步退至后场,增加击球力量,提高网前截击方的反应和控球能力。

(6) 一人网前截击,一人底线击球。直线与斜线交换反复练习,熟练掌握不同的击球点和拍面调整能力,提高网前截击方的反应和控制能力。

3. 注意事项

(1) 学习初期建立迎前击球的意识。
(2) 转肩和引拍同步进行,区别落地球技术与网前截击技术的不同。
(3) 无论来球是高球或低球,一定要在体前完成击球。
(4) 注意力集中,眼紧盯来球,迅速做出判断,克服紧张心理。
(5) 引拍幅度小,球速越快,动作幅度越小,主要是借助蹬腿上步的反作用力来发力。

4. 常见错误动作

手腕不固定
原因:握拍不够紧,球拍拍头没有完全抬起来。
纠正方法:
(1) 挥拍向前击球时用最大的力握紧球拍,拍头抬起高于手腕能够起到固定手腕的作用。
(2) 提醒自己握紧球拍,固定手腕,体会借助身体迎前击球的反作用力。

击球点靠后
原因:引拍幅度过大;迎前意识不够,被动击球过多,不是斜着向前跨步击球,而是横向跨步击球。
纠正方法:
(1) 提高主动迎前击球意识,斜着向前跨步,多击斜线球。
(2) 非持拍手扶住持拍手肘部,击打出斜线球,建立体前击球的意识。

随挥动作过大

原因: 同底线技术混淆,击球后没有及时停住。

纠正方法:

(1) 假想球是热的物体,击球后立即向后拉住。

(2) 击球后,立即停住,在身体的正中线左右停住。

第六节
高压技术

1. 初学阶段教学方法与手段

(1) 徒手挥拍练习。结合交叉步后退移动步法进行挥拍练习,体会手与脚的配合。

(2) 后退徒手接球练习。两人一组,一人抛球,一人后退徒手后退高压接球,体会交叉步移动和空间预判能力。

(3) 多球练习。送球者把球送至对方前场定点区域,练习者待球落地后运用高压技术将球击出,反复练习,直至熟练掌握击球点,并提高空间预判能力。

(4) 多球练习。送球者在场地外侧送高球,球送至对方场区前半场,练习者凌空击高压,左手指向击球点,体会凌空击球的空间感觉和击球时间差,反复练习,熟练后可以慢慢退至中场。

2. 初级阶段教学方法与手段

(1) 对墙练习。距离墙壁 8 米左右,运用高压技术对墙击球,击出的球落在离墙 2 米左右的距离,使球落地反弹后呈高球返回,反复连续练习,熟练掌握空间预判能力,合理调整移动步法。

(2) 多球练习。送球者站在端线,练习者站在球网前,用球拍触网后迅速后退击打对方送出的高球,击球结束及时跑向前触球网,再后退高压,反复练习,提高后退步法的调整、空间预判及击球时间的能力。

(3) 多球练习。送球者站在端线,练习者站在球网前,后退击打对方送出不同位置、高度的高球,由简到难,逐渐增加难度,反复练习,提高空间预判及后退步法的调整的能力。

(4) 场地对练。一人高压,一人挑高球连续进行,加强空间预判和移动调整能力,并提高控制球的能力。

3. 注意事项

（1）多采用大陆式握拍方法。初学者可先选择东方式正拍握拍法，然后尽快过渡到大陆式握拍方法。

（2）准备击球之前，一定要侧身引拍。

（3）左手指球，保持身体平衡。

（4）注意力集中，眼睛始终紧盯来球。

（5）尽量在最高点击球。

4. 常见错误动作

后引拍过大

原因：多数球员会像发球时的后摆动作引拍。

纠正方法：

口令提醒球员，侧身转肩向肩上拉开球拍。

侧身转体不够

原因：无意识转体正面击球，导致发力不流畅。

纠正方法：

（1）徒手挥拍练习，强调侧身和引拍同步进行，形成动力定型。

（2）以右手为例，左肩对向来球，非持拍手指向来球。

击出的球总是下网或出界

原因：击球点过于靠前导致下网，击球点过于靠后或太低，导致球出界。

纠正方法：

（1）击球点在头顶前方，略偏右侧。

（2）下网过多，击球点应稍向前调整。

（3）出界过多，击球点应稍向后调整或调整击球点的高度，尽可能高点击球。

第七节
放小球技术

1. 教学方法与手段

（1）对墙练习。距离墙壁8米左右，运用正反拍上旋技术对墙击球，2~3拍后采用正反拍下旋球技术,增加球拍与球的摩擦,使球产生更多的旋转,触墙后减少反弹的力量。反复交替连续练习,熟练掌握体会增加球的旋转。

(2) 多球练习。送球者站在端线,练习者站在底线,运用正反拍下旋技术放小球,并反复练习。

(3) 对练练习。两人一组。一人在中场运用抽击球或下旋球,一人在端线附近放小球,反复练习。

(4) 场地对练。两人一组。站在端线附近进行抽球练习,多拍后任意一人突然放小球,反复练习。

2. 注意事项

(1) 动作要与下旋削球一致,隐蔽性要强,随挥动作幅度很小。
(2) 挥拍轨迹应由"上到下再到上",球与球拍摩擦力越大,放小球质量越高。
(3) 大风天和湿度过大引起球过重时,可多采取放小球技术。
(4) 选择合适的时机,不要在错误的时机使用放小球。
(5) 不要追求完美的放小球质量,留一些失误的余地。

3. 常见错误动作

放小球落点高且过长,不具备威胁性
原因:前挥太大,且拍面控制不够。
纠正方法:
(1) 击球时用前臂与腕力,球拍的轨迹似半圆形,使球与球拍的摩擦增大。
(2) 放小球过高时,根据来球的高度调整拍面,球拍的轨迹向上减少些幅度。

第八节
挑高球技术

1. 教学方法与手段

(1) 在掌握正反拍底线落地球上旋、下旋技术后,再开始练习上旋或下旋挑高球技术。

(2) 多球练习。采用定点练习上旋或下旋挑高球,反复练习,逐步过渡用任意旋转进行挑高球。

（3）多球练习。送球者把球送至对方后场任意区域，练习者待球落地后，运用上旋或下旋挑高球技术将球击出，并逐渐增加击球难度，反复练习。

（4）场地对练练习。一人采用底线进攻抽击球，一人挑高球，尽量多回合，可轮流交换进行。

（5）场地对练练习。一人在中场附近采用高压技术，一人在底线附近采用挑高球技术，尽量多回合，可轮流交换进行。

2. 注意事项

（1）击球前，双膝弯曲，身体重心后退。

（2）能够在所有情况下都能击出挑高球（主动与被动状态）。

（3）击球的后下部，球拍"由下向前上"挥出，挥拍轨迹垂直越大，旋转越大。

（4）挑高球技术对各种水平的球员都很适用。

3. 常见错误动作

上旋挑高球旋转不够，高度偏低

原因：球拍拍头放得不够低。

纠正方法：

击球前使球拍拍头低于手腕和来球，触球后向前上快速挥击，增加球拍与球的摩擦，提高旋转。

第九节
反弹球技术

1. 教学方法与手段

（1）对墙练习。距离墙4米左右的位置，运用正反拍技术进行练习。

（2）对墙练习。距离墙9米左右的位置，对墙抽击一次后，运用正拍或反拍技术向前迎球进行反弹球练习。

（3）多球练习。送球者把球送至球员两侧脚下，使之运用正反拍技术进行练习。

（4）场地对练练习。对打过程中，随球上网在中场进行反弹球练习。

2. 注意事项

(1) 身体重心低,注意力集中,眼睛始终紧盯来球。

(2) 击上旋时,拍头低于手腕,球拍轨迹由下向上,击下旋球时,拍头高于手腕,球拍轨迹由上向下。

(3) 击球瞬间,借力击球,手腕紧张,来球速度快,前挥动作小,反之则大。

3. 常见错误

击球时机掌握不好,击球点偏后或击球不及时

原因:后摆引拍过大。

纠正方法:

(1) 在身后设置一个障碍物,向后引拍时,限制后引拍的幅度。

(2) 有意识上臂稍收紧,控制向后引拍的幅度。

击球下网或无速度

原因:握拍不紧张,手腕不够固定。

纠正方法:

(1) 向前挥击时,加大握拍的力度,紧绷手腕,增大向前的随挥动作。

(2) 击球前,球拍拍头放于比球低的位置,向前上随挥。

第七章
网球竞赛规则与编排

通过本章学习你可以了解到:
(1) 网球比赛对球场固定物的规定。
(2) 网球单、双打比赛的基本规则。
(3) "鹰眼"的使用规定;信任制规则。
(4) 网球竞赛编排。

第一节
网球竞赛规则

一、球场固定物

网球场地上的永久固定物不只包括球网、网柱、单打支杆、网绳、钢丝绳、中心带及网带,以下情况也算永久固定物,如球场四侧的挡板、看台、环绕球场固定或可移动的椅子、以及观众,所有场地周围和上方的配套设施,还有各自预定位置的裁判、司网裁判、脚误裁判、司线员和球童。

单打比赛在双打场地上进行时,网柱、单打支柱外的网均被看作永久固定物,而不是网柱或网的一部分。

二、基本规则

网球比赛分为三盘两胜制和五盘三胜制两种赛制。网球比赛的计分较为复

杂,它涉及分、局、盘、场四个概念,它们之间简单的逻辑关系是:

分:一分球当中有两次发球机会,第一次发球下网或出界称为失误;第二次发球下网或出界称为失分。

局:一局为4分,4—0、4—1、4—2都称为该局结束;当比分为3—3平时,一方需净胜两分才能结束该局比赛。

盘:一盘为6局,6—0、6—1、6—2、6—3、6—4都称为该盘结束;当比分为5—5平局时,7—5才能结束该局比赛;当比分为6—6平局时,可采用两种赛制决出胜负。

*平局决胜制:一方先胜7分即胜该局和该盘;双方各得6分,则一方需净胜2分才能获得该局及该盘的胜利。此赛制在非决胜盘使用,即三盘两胜制的前两盘和五盘三胜制的前四盘。

*长盘制:一方需净胜两局才能获得该局和该盘的胜利;此赛制在决胜盘使用,即三盘两胜制的第三盘和五盘三胜制的第五盘。

1. 场地和发球的选择

场地的选择及第一局中作为发球员还是接球员的权利在准备活动前由掷硬币来决定。掷币获胜的一方可以选择:

(1) 在第一局比赛中作为发球员或接球员,在这种情况下应由对方选择在比赛的第一局所处的场地。

(2) 比赛第一局的场地选择权,在这种情况下应由对方选择第一局作为发球员或接球员。

(3) 要求对手选择场地或发球(接发球)。

2. 发球规则

1) 发球前的规定

发球员在发球前应先站在端线后、中点和边线的假定延长线之间的区域里,用手将球向空中任何方向抛起,在球接触地面以前,用球拍击球(仅能用一只手的运动员,可用球拍将球抛起)。球拍与球接触时,就算完成球的发送。

(1) 单打比赛时,发球员应站在端线后、中点和单打边线的假定延长线之间的区域里发球。

(2) 双打比赛时,发球员应站在端线后、中点和双打边线的假定延长线之间的区域里发球。

2) 发球时的规定

发球员在整个发球动作中,不得通过行走或跑动改变原站的位置,两脚只准站在规定位置,不得触及其他区域。

3) 发球员的位置

(1) 每局开始,先从右区端线后发球,得或失一分后,应换到左区发球。

(2) 发出的球应从网上越过,落到对角的对方发球区内,或其周围的线上。

4) 发球失误

未击中球;发出的球,在落地前触及固定物(球网、中心带和网边白布除外);违反发球站位规定。发球员第一次发球失误后,应在原发位置上进行第二次发球。

5) 发球无效

发球触网后,仍然落到对方发球区内;或接球员未作好接球准备。

6) 交换发球

第一局比赛终了,接球员成为发球员,发球成为接球。以后每局终了,均依次互相交换,直至比赛结束。双打比赛时,每盘第一局开始时,由发球方决定由何人首先发球,对方则同样在第二局开始时决定任何一人首先发球。第三局由第一局发球方的另一球员发球。第四局由第二局发球方的另一球员发球。以后各局均按此次序发球。

3. 接发球

接发球是指发球员的发球落在有效发球区内从地面上反弹起来的球,在球第二次落地前将球回击到对方的场区内。

4. 双打接发球次序

应在每盘比赛开始之前决定。先接发球的一方决定何人在右区接发球,何人在左区接发球。对方同样在第二局接发球时决定接发球员的位置。在一盘比赛中接发球员的位置不能改动。一盘比赛结束后可进行更改。

5. 失分

发生下列任何一种情况,均判失分。

(1) 在球第二次着地前,未能还击过网。

(2) 还击的球触及对方场区界线以外的地面、固定物或其他物件。

(3) 站在场外还击空中球失败。

(4) 故意用球拍触球超过一次。

(5)"活球"期间运动员的身体、球拍(不论是否握在手中)或穿戴的其他物件触及球网、网柱、单打支柱、绳或钢丝绳、中心带、网边白布或对方场区以内的地面。

(6)来球尚未过网即在空中还击(过网击球)。

(7)抛拍击球。

(8)除握在手中(不论单手或双手)的球拍外,运动员的身体或穿戴的物件触球。

(9)双打比赛时,发球员发出的球触及同队队员或他穿戴的物件时。

(10)比赛中,运动员故意改变其球拍形状。

6. 有效还击

(1)还击的球触球网、网柱、单打支柱、绳或钢丝绳、中心带或网边白布后,从网上越过落入对方场区内。

(2)对方发出或还击的球,落到本方有效场区内又反弹回去或被风吹回对方场区上空时,本方运动员挥拍过网击球,球落到对方场区内,其身体、衣服或球拍并未能触及球网、网柱、单打支柱、绳或钢丝绳、中心带、网边白布或对方场区的地面。

(3)球从网柱或单打支柱以外还击至对方场区(不论还击的球是高还是低于球网或是触及网柱或单打支柱)。

(4)合法击球后,球拍随球过网。

(5)对方发出或击出的球,碰到本方场区内的另一球,而还击的运动员仍能回球到对方场区内。

7. 重赛

(1)"活球"期间球破了。

(2)运动员遇到不能控制的意外阻碍,妨碍其击球时,该分重赛。

(3)"活球"期间球触及在场上滚动的或在球场上空运行的物体。

(4)由于裁判员或司线员的错报失误或出界,继而又予以纠正,从而影响了双方运动员击球。

8. 交换场地

每盘的第一、三、五等单数局结束后,以及每盘结束双方局数之和为单数时,交换场地。如一盘结束,双方局数之和为双数,则不交换场地。如发生差错未按正常顺序交换场地,一经发现,应立即纠正场区,按原来顺序进行比赛。

9. 双打比赛还击

接发球后,双方应轮流由其中任何一名队员还击。如运动员在其同队队员击球后,再以球拍触球,则判对方得分。

10. 鹰眼的使用

"鹰眼"的正式名称是"即时回放系统"。这是一套十分精密的系统。它由8个或者10个高速摄像头、4台电脑和大屏幕组成。首先,借助电脑的计算把比赛场地内的立体空间分隔成以毫米计算的测量单位;然后,利用高速摄像头从不同角度同时捕捉网球飞行轨迹的基本数据;再通过电脑计算,将这些数据生成三维图像;最后利用即时成像技术,由大屏幕清晰地呈现出网球的运动路线及落点。从数据采集到结果演示,这个过程所耗用的时间,不超过10秒钟。

这一技术于2001年首先用于板球比赛。网球赛场,当女选手的发球时速最高都可以达到每小时200多千米的时候,要求裁判的判罚百分之百地准确,的确已经超出了"人力范围"。在比赛中运用鹰眼的意义在于:克服人类观察能力上存在的极限和盲区,帮助裁判做出精确公允的判断。

2006年8月,美网率先在大满贯赛事中启用鹰眼,澳网紧随其后。只有6月在红土场地进行的法网没有使用"鹰眼",而且今后也不打算使用,因为球落到松软的红土上,留下的印迹清晰可辨。

对网球界人士来说,将鹰眼技术引入网球现场判罚是一项具有重大意义的革新,足以与36年前引入抢七制相提并论。专门负责审核这项技术使用情况的四届大满贯得主、美国名将考瑞尔表示:"对一项很少改变传统的运动来说,这是非常大的一个进步。"

11. 鹰眼使用规则

(1) 鹰眼的使用根据比赛组委会的安排而定。组委会有权安装和使用鹰眼,也有权不使用。

(2) 组委会使用鹰眼辅助裁判,须在赛前公示。

(3) 2008年4月起,每一盘比赛当中,每位球员有3次机会挑战鹰眼,若进入到抢七局,可增加一次。在2008年4月以前,每盘2次,若进入到抢七局,可增加一次。

(4) 运动员使用鹰眼辅助判罚的规则是:活球期间停止击球,可要求使用鹰眼。若判罚对方失误,则赢得该分,否则失分。裁判判罚结束后,对判罚不满,可要求使用鹰眼。若裁判判罚失误,则赢得该分,否则维持原判。

12. 信任制规则

网球比赛时一般都有裁判员,但有时也有一些比赛无需裁判员。或许有人会说,没有裁判员的比赛一定不是正式比赛。不,没有裁判员执法的网球比赛同样是正式比赛,而且在有些奖金级别稍低的国际比赛、青少年比赛和在国内举行的国际巡回赛的前几轮比赛中,都可采用信任制。另外,如果你约朋友打网球比赛又找不到裁判员时,便可以采用信任制。因此,有必要将信任制比赛的规则介绍给大家。

1) 基本原则

(1) 每位运动员负责自己半场上的所有呼报。

(2) 所有的"出界"或者"发球失误"的呼报必须在球落地反弹后迅速喊出,而且声音足够大能让对手听见。

(3) 如果运动员对来球的落点没能准确判断时,该运动员必须作出对对方有利的判罚。

(4) 如果一位运动员错误地呼报"出界"同时又认识到这是一个好球,那么这一分应该重赛;除非这是制胜的一击,或在本次比赛中先前有过错误的"出界"呼报,在这些情况下呼报错的运动员失掉这一分。

(5) 发球方应该在每第一次发球前报出比分,声音足够大能让对方听见。

(6) 如果运动员对他/她的对手的行为或者判罚不满意,他/她可请裁判长(巡视裁判)到场。

2) 在红土场上进行比赛时的原则

(1) 检查球印应该在结束一分的一击后进行,或者当击球停止之后(反弹回击是允许的,但是运动员必须马上停止)。

(2) 如果一个运动员对对手的判罚有怀疑,那么他/她可以让对手指示出球印。运动员可以过网到对面场地去检查球印。

(3) 如果运动员抹去球印,那么他/她承认对这一分的判罚。

(4) 如果对球的呼报有不同的意见,可叫裁判长(巡视裁判)对判罚作出最后决定。

(5) 正常情况下,如果一个运动员喊了"出界",他/她应该能够指出球印。

(6) 如果一个运动员不正确的喊了"出界",同时又认识到其实是个好球,那么喊"出界"的运动员失掉这一分。

运动员不能公正地遵循这些规则的规定将处以干扰比赛或处以不符合运动员身份的行为的处罚。对这些规则有任何的问题应该咨询监督/裁判长。

3）裁判长操作程序

裁判长在运动员公告栏中,将信任制比赛的规则告知运动员。

显然,在这些比赛中可能会出现一些问题,所以裁判长(巡视裁判)尽量多地在各个赛场中观看比赛。运动员会非常感激在出现问题时裁判长能够很容易地将问题得到解决。裁判长(巡视裁判)在遇到不同的情况时应该使用下列规则来处理。

（1）是否出界的争执(非红土场上的比赛)

① 如果裁判长(巡视裁判)被叫到场地上处理是否出界的问题,而他/她没有在现场观看该场比赛的情况下,他/她应该询问运动员:在谁的半场？是谁呼报的？并且问呼报者对这个球是否看得很清楚。如果运动员对这个球很确信,那么维持原判。

② 如果很显然为了比赛的正常进行需要派裁判员上场时,则委派裁判。如果这不可能办到(比如:没有有经验的裁判,根本没有裁判椅),那么裁判长(巡视裁判)留在场地上观看剩余的比赛。他(她)需告诉双方运动员,他(她)将改正明显的由运动员做出的错误判罚。

③ 如果裁判长(巡视裁判)在球场外正好看到一个运动员作了一个明显有利于自己的错误判罚,裁判长(巡视裁判)可以到场上告诉运动员,该误判不是对手故意的干扰,因此这一分应该重赛。裁判长(巡视裁判)必须同时告诉运动员,在以后的比赛中明显的误判将被视为故意的干扰并且将会失分。另外,如果裁判长(巡视裁判)确信运动员在有意地进行对自己有利的判罚时,可以对运动员处以违反行为准则中的不符合运动员身份的行为的处罚。

④ 裁判长(巡视裁判)必须谨慎,不要过多干涉比赛,或只在近线球的判罚中使用干扰规则。

作为惯例,裁判长(巡视裁判)使用"干扰"规则,必须确信运动员作出了非常坏的判罚。

（2）球印的争执(红土场地上的比赛)

① 如果裁判长(巡视裁判)被叫到场地上来处理一个争议,他(她)应该弄明白是否运动员们同意当时的哪个球的球印。如果运动员们都同意这就是那个球印,但是不同意根据这个球印而做出的对于是出界还是界内的判断,那么裁判长(巡视裁判)将根据这个球印来做出决定——是界内还是出界。

② 如果运动员们不同意这就是当时那个球的球印,那么裁判长(巡视裁判)应该询问运动员,最后打了一个怎样的球并且从什么方向打过来的球。这有助于判定哪个球印是正确的球印。如果没有这些信息帮助,那么由做出判罚的运动员指出的球印作为最后的球印。

(3) 比分的争执

① 如果裁判长（巡视裁判）被叫到场上来解决一个比分的争议，他/她应该与双方运动员讨论并且弄清双方都同意的相关的比分或者局数。所有双方运动员同意的比分或者局数将保持不变，只有有争议的部分将会重赛。例如，一个运动员说比分是40∶30，而他的对手说比分是30∶40。那么你和双方运动员讨论并且发现他们不同意的只是这一局里面是谁赢了第一分。但既然双方运动员都同意在这一局中他们各自赢了2分，所以正确的决定是从30∶30继续这一局的比赛。

② 当局分出现争执的时候，使用同样的办法。例如，一个运动员说他是6∶5领先，但是他的对手不同意，说是他6∶5领先。在讨论之后你发现双方运动员都声称自己赢得了首局的比赛。正确的方法是继续讨论局数，如果双方运动员都同意在这一盘中他们各自赢了5局，则从局数5∶5继续这一盘的比赛。在最后一局接发球的运动员，在下一局成为发球员。

在解决有关比数的争议后，对裁判长（巡视裁判）来说很重要的一点是：强调发球方在进行每个一发之前报分，声音大到足以让对方听清楚。

4）其他问题

① 当发生一些有关重赛、两跳和击球犯规的争议时，裁判长（巡视裁判）应根据自己的判断，决定维持原判或重赛。

② 脚误只能够由裁判长（巡视裁判）来作出，而不是接发球方。然而，必须在场上的裁判人员才能呼报脚误。在场外的裁判人员不能够进行脚误的判罚。

③ 场外指导。包括违反其他的行为准则和违反时间准则的行为只能由裁判长（巡视裁判）来作出，所以，裁判人员观察运动员和教练的行为，这一点非常非常重要。

当运动员被处以违反行为准则或违反时间准则，裁判长（巡视裁判）应该在这些行为发生后尽快到场上并且简要地告知运动员被处以违反行为准则或违反时间准则。由裁判长（巡视裁判）做的决定将是最终判定。

运动员没有公正地遵循这些规则的将被判以违反行为准则中的不符合运动员身份的行为，但是只有在非常确定的情况下才能使用。

第二节
网球竞赛编排

竞赛制度是确定参赛各队间如何进行比赛的方法，它保证竞赛紧张而有序地进行。选择和确定竞赛方法,应根据比赛的目的、任务、竞赛时间长短、参赛队的多少及场地设备等情况来决定。

网球比赛属于个人项目,国际上除了戴维斯杯、联合会杯等几个团体赛事外,基本上都是以个人形式参加的单项赛,因此多采用单淘汰制。在国内,除全国团体赛采用第一阶段分组循环、第二阶段单淘汰外,其他比赛均采用单淘汰制。

一、淘汰制

将运动员按位置的顺序排列成一定的次序,相邻的两名运动员进行比赛,负者淘汰,胜者进入下一轮比赛,直到最后确定优胜者(冠军)为止。淘汰制是网球比赛中常用方法,具有强烈的对抗性。一般是参加比赛人/队数较多而比赛的时间短的情况下采用,而且将比赛逐渐推向高潮。这种方法可以节省时间,但大部分参赛者比赛的场次少,相互学习和交流的机会较少。

淘汰制作为一种竞赛制度在理论上存在着某些缺陷,由于它不是各自相互间都比赛,因此冠军只能是相对的,这说明它的合理性差。有时根据录取名次的需要,负者仍进行一轮或几轮比赛,称为双淘汰赛或附加赛。

1. 轮空位安排

当参加比赛的运动员人数是2,4,8,16,32,64,128时,可分别按其相应的人数进行捉对比赛,若人数不是2的乘方时,则第一轮比赛中有选手轮空,计算方法是:选择最接近参赛人数且大于参赛人数的2的乘方数作为号码位置数,然后用号码位置数减去参加比赛的人数后,所得的数即为轮空数。如果有27名运动员参赛,则选32个号码位置数,用32减27为5,所以有5个号码位是轮空的,与这5个号码相遇的选手将为轮空,直接进入第二轮。

轮空的位置安放原则是优先种子选手,没有种子选手的区域通过抽签来决定,若轮空数为单数时,上半区要多放一个轮空位置。

2. 种子确定及安排

为了确保水平较高的选手不会过早相遇,所以要根据运动员的排名把他们其中相应的人设为种子选手,合理的排入不同的区内,这样使比赛减少了投机性。具体种子数确定如表1所示。

表1 种子数表

人/队数	8	16	32	64	128
种子数	2	4	8	16	32

在网球比赛中除1,2号种子外,其他种子的位置凭抽签来决定,1号种子安置在顶部,2号种子安置在底部。然后,以两个种子选手为一批分别抽签进入规定的位,先抽到的进上半区,后抽到的自然进入下半区,反之先抽到的进下半区,后抽到的自然进入上半区。上下半区应平均分配种子,上半区种子放在分区的顶部,下半区放在底部,具体如表2所示。

表2 种子位置表

种子序号	1	2	3	4	5	6	7	8
人/队数	种子位置							
8	1	8						
16	1	16	5	12				
32	1	32	9	24	16	17	8	25
64	1	64	17	48	32	33	16	49

3. 分区方法

把全部号码位置分成几个相等的部分,成为"分区"。如:把全部号码位置分成两半,称上半区和下半区;将上、下半区再分成两半,称1/4区;将各1/4区的号码位置再各分成两半,称为1/8区,依次类推(表3)。

4. 非种子选手的安排

一旦将种子选手位置确定后,并注明哪些位置代表轮空时,其余的抽签可将所有剩余选手根据编号,按抽签的顺序,自上而下填入剩下未被占据的位置。

5. 特殊规定

在某些比赛时,根据需要,要尽量避免同一单位的选手出现在同一个1/4区,所以在安放种子选手和抽进非种子选手时要加以人工控制,这才是合理的。在有些比赛中须考虑同时会出现下列情况:如同一队或同地区有多名运动员参赛,而且有种子和非种子运动员。一般的方法是:

表 3　　　　　　　　　　　分区表

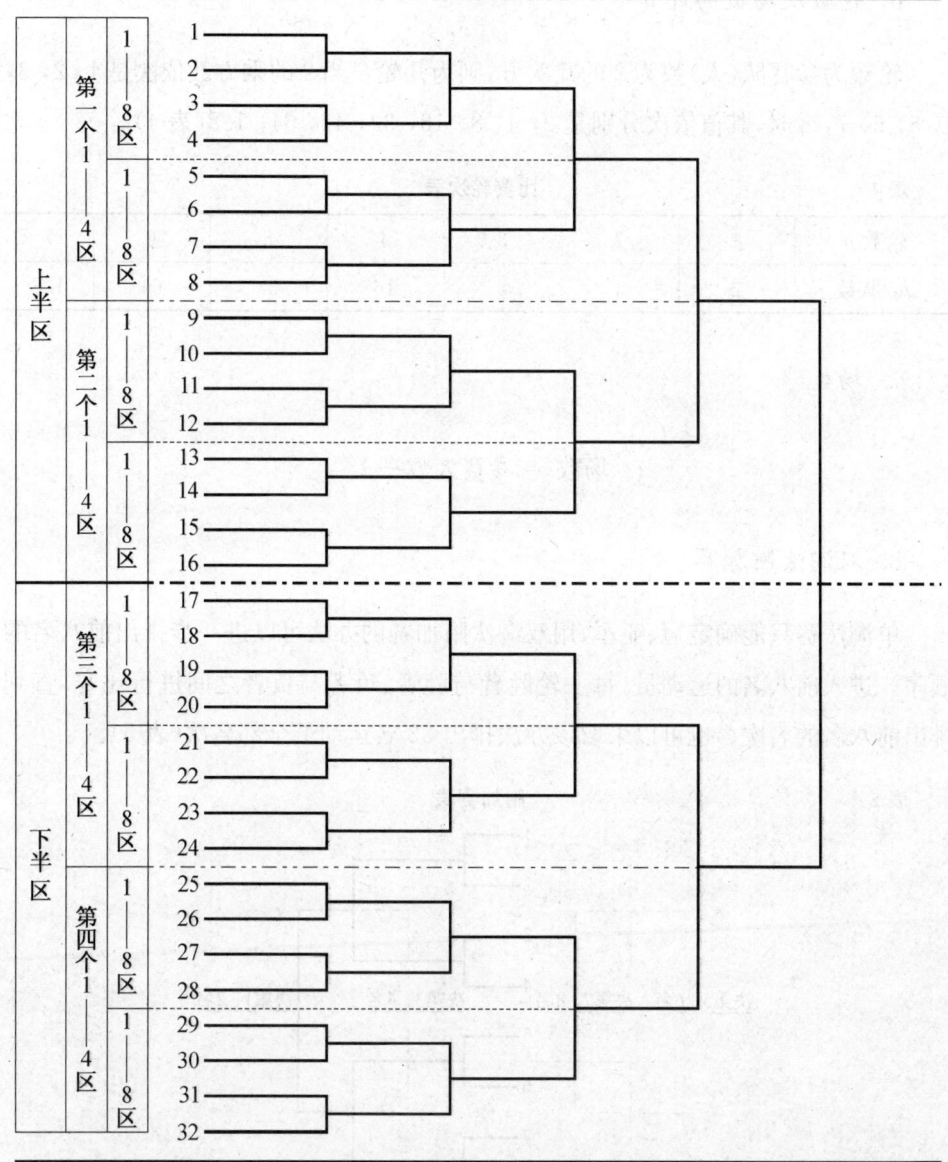

（1）列出报名人数与种子情况以及轮空位置。

（2）抽种子运动员，并且把同队或同地区的分开放在相应区位上。如某队两名种子分别为 1 号种子和 4 号种子，那么 1 号种子固定在上区，4 号种子就应排在下区种子位置上。

（3）抽非种子运动员。

遇到以上情况，无论是种子选手还是非种子选手均分两个步骤进行：先分区，后定位。实际上抽签中还会遇到各种各样的问题，需要灵活运用基本原理予以解决。

6. 轮数及场数的计算

轮数为参赛队（人）数为2的几次方，则为几轮。当2的乘方数依次是1，2，3，4，5，6，7，8时，其值依次分别是2，4，8，16，32，48，64，128（表4）。

表4　　　　　　　　　　　比赛轮次表

轮数 n	1	2	3	4	5	6	7
人/队数	2	4	8	16	32	64	128

7. 场数

$$场数 = 参赛人数 - 1$$

8. 双淘汰附加赛

单淘汰赛只能确定冠、亚军，用双淘汰附加赛的办法可以进一步排出前八名的顺序。进入前八名的运动员，每一轮胜者与胜者、负者与负者之间进行比赛，直到排出前八名的名次。也可以采取该办法排出32名运动员全部名次（表5）。

表5　　　　　　　　附加赛表

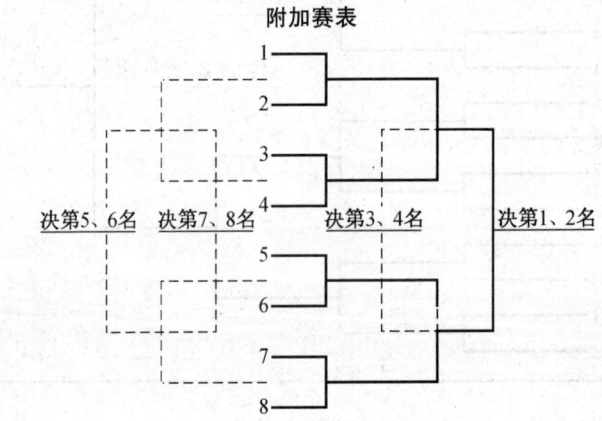

二、单循环制

循环赛制是参赛的各运动员/队，在整个竞赛或同一小组中彼此都有相遇的机会，最后按运动员/队在全部比赛中胜负场数或得分多少，按一定的计分方法，合理确定名次。这种方法能较合理地确定参赛运动员/队的名次，也使各运动员/队有较全面的相互交流和学习的机会。一般用于参赛运动员/队不多且场地多的、比赛时间充足时采用。

但作为一种竞赛制度,循环制也有它的缺点。在一定的时间和场地设备的情况下,允许参加比赛的人/队数要比单淘汰赛少,而且名次的计算方法也比较复杂。循环赛制又分为单循环、双循环和分组循环三种。

单循环是所有参加比赛的运动员/队均能相遇一次;双循环是所有参加比赛的运动员/队均能相遇两次;分组循环就是参加比赛的运动员/队分成若干组进行循环比赛,多用于人数多,而比赛时间短时采用。

1. 轮数和比赛场数的计算

场数:指参赛运动员/队之间相互轮流比赛后全部结束的总场数。
1) 轮数计算
队(人)数为双数时,轮数等于队(人)数减1;
队(人)数为整数时,轮数等于队(人)数。
2) 比赛场数的计算

$$比赛场数 = \frac{参赛队(人) \times [参赛队(人)数 - 1]}{2}$$

2. 比赛顺序的确定

一般采用逆时针转动法,在编排时,将参加比赛的单位,用数字来代替,并将其平分为两半,前一半号码数由1号起自上而下写,后一半号数依次自下而上写在右边,再用横线把相对的号码连起来,这就是第一轮的比赛。然后把1号数固定不动,其余号数按逆时针轮转一个位置,再用横线把相对的号数连接起来,这就是第二轮的比赛。依次轮转就排出其余的各轮比赛。

例:6队(人)进行单循环比赛:

第一轮	第二轮	第三轮	第四轮	第五轮
1—6	1—5	1—4	1—3	1—2
2—5	6—4	5—3	4—2	3—6
3—4	2—3	6—2	5—6	4—5

上表的排法是固定1号在左边,从第二轮起其余的号数按逆时针方向轮转,轮转一个位置就是一轮。

参加队数为单数时,编排方法也与双数一样,只是在编排时,增加一个"0"号,凡与"0"号相遇的队就是轮空队。

3. 循环赛成绩表格和名次计算方法

1) 名次计算方法

循环赛按获胜次数决定名次,高者列前。

(1) 如遇两队获胜次数相等,则以两队相互间比赛胜负决定名次,胜者列前。

(2) 如遇三队或三队以上获胜次数相等,则按他们在全部比赛中的获胜场数,高者列前。

(3) 如再相等,则以获胜盘数,高者列前。

(4) 如再相等,则以获胜局数,高者列前。

(5) 如再相等,则以获胜分数,高者列前。

2) 小组循环赛成绩表格(以4队为例)(表6)

表6　　　　　　　　　　小组循环赛成绩表

A组	1	2	3	4	胜次	净胜				名次
						场	盘	局	分	
1										
2										
3										
4										

三、混合制

在一次竞赛的不同阶段,分别采用循环制和淘汰制两种方法称为混合制。采用这种赛制要把比赛分为两个或三个阶段。第一阶段若采用循环制,那第二阶段采用单淘汰制或单淘汰附加赛排出全部名次;若第一阶段采用淘汰制,那第二阶段采用循环制排出全部名次。

第八章 网球运动礼仪

通过本章学习你可以了解到：
(1) 观看网球比赛的礼仪。
(2) 球员比赛的礼仪。

对喜欢打网球的人来说，网球场是一块充满挑战和乐趣的宝地，蓝天白云、明媚的阳光、新鲜的空气、悦目的场地、文明的交往，打网球为无数陌生的朋友搭起了一座座友谊的桥梁，而绿色的小球则愉快地充当着交流的使者。网球场是竞技场，总会有激烈的争斗与拼杀在此上演，但同时人们却也可以从中感受到另外一种安详与和谐，它们源于球员与观众所具备的良好行为素养，源于所有参与者发自心底的友善态度。

一、观赛礼仪

"尊重网球场上的一切人与物"，这是球员最起码的行为准则，也是观众应该做到的。做一名网球迷并不难，但做一名合格的网球观众却并不太容易，不仅需要熟知复杂的网球规则，更要了解看台上的一些约定俗成的惯例。

背包入场必须安检，行李不能带进场内。只允许带软包装饮料进入球场。电视、收音机不得带入场内。不能带婴儿进入场地，因为他们的声音无法控制。观赛时，将手机关闭或调成振动、静音状态。赛场内禁止吸烟。

在比赛开始时，一定要保持绝对安静，不要制造影响运动员的声音，避免大声说话。鼓掌加油时要注意，只有在 1 分的比赛确实结束后，方可开始加油叫好。在双方球员打出精彩回球时，观众也会随着球的轨迹而发出惊讶、赞叹的声音，这并不妨碍球员进行比赛，只是在 1 分比赛没有结束前请不要鼓掌。拣到球员打飞的球后,一定要在1分比赛结束后,方可扔入场地内,千万不得在比赛进行时,将球扔进场内而干扰比赛。

不要吃东西或互相聊天、喧哗。在比赛中,绝对禁止有人走动,只有在球员交换场地休息时,方可起身活动。对于迟到的观众,只有在球员换边时才可入场,即在3,5,7等单数局或一盘结束后,观众才能在引导员的帮助下尽快入座。如果在比赛开始时仍没找到自己的位置,应该就地坐下,在下一次球员换边时再找,此时是不应该站起来来回走动的。另外,只要从别人的球场后面通过,都应该在该场地成死球后。这不仅仅是为了礼貌,也是出于对队员和过路者的安全着想。

比赛开始时要保持绝对安静,拍摄时绝对不可使用闪光灯。观众应给双方球员以平等的支持和鼓励,不要喝倒彩。

由于网球是一个商业化运作相当成熟的项目,看台上严禁出现巨大的旗帜、横幅、发声玩具、高音喇叭之类的东西,当然你特意制作的支持球员的标牌不在此列。

二、球员比赛礼仪

(1) 赛前随时注意公告栏中一切有关比赛的各项停止,并严格遵守。

(2) 凡比赛的运动员必须遵守比赛时间及紧跟前场的原则,开赛后15分钟未到,视为弃权。

(3) 运动员的着装必须符合比赛的要求。运动员不允许穿长裤比赛(特殊情况和练习时除外)。男子双打要求配对双方服装底色一致。

(4) 比赛期间,未经主裁判同意,不得擅自离场或中途退场。

(5) 比赛中,严格遵守时间准则。

(6) 比赛中,严格遵守行为准则。

(7) 对于裁判的判定可以提出申诉,但最终必须服从裁判。

(8) 任何运动员报名后,不得无故弃权。确因伤病不能比赛,必须经过大会指定医生确定、认可,并开据证明。因其他非本人能力所能及的事故而不得不弃权时,同样需要有关证明材料。

第九章 国际网球比赛的积分排名方法

网球的电脑排名系统自1973年起开始设立(女子1974年)。其初衷不是吸引社会大众,而是要创造一个客观的选手等级制度来帮助比赛的组织者选择球员并确定种子球员。此排名系统毫无疑问是达到了目的,ATP和WTA的巡回赛也随之成为标准赛事。

1990年,ATP转变为经营实体的ATP TOUR之后,对原有的男子排名系统进行了调整,摒弃了按平均分排名的方式,改为累加"最好的14项比赛的积分"来排名。2000年,ATP TOUR更名为ATP之后,推出了并行使用的两套积分排名系统:冠军排名系统(Champion Race)和52周参赛排名系统(Entry Ranking)。ATP对外主要推广的是新的冠军排名系统。但近期,越来越多的人重新看重了52周参赛排名系统的价值了。

一、52周参赛排名

这一排名系统以球员过去52周内获得的所有积分的累加决定其在ATP或WTA电脑排名中的位置。52周参赛排名是一个动态系统,每过去一周,球员们就要加上新一周内获得的积分,同时又要减去一年前相应这一周内取得的积分。同时,过去男女职业球员的积分除了计算轮次积分之外,还会从自己战败的对手身上获取加分(Quality Points)。战胜的球员排名越靠前,获得的奖励积分也就越多。目前ATP已经取消了奖励加分的内容。

二、ATP冠军排名

将男子职业球员在四大公开赛、9项大师系列赛、大师杯赛和其他5项成绩最好的赛事中获得的积分累加起来,确定球员的世界排名。

如果一个球员没有资格参加四大公开赛和9项大师系列赛的正选赛,则这些球员一年内参加的所有赛事挣得的积分就是他们的总分,不用受大赛的限制。但是只要他们获得了进入大赛正选的机会,比如得到了外卡,就必须计算此项大赛的成绩,而不管成绩是否理想。此外,冠军排名还保持了为球员"保留"排名的功能。当球员因伤被迫在一定时期内休养时,他可以申请"排名保护"。只要是在规定的合理疗伤期间,球员的排名将被视为申请之前的排名,凡是他们过去参加的小型巡回赛都要默许这种保护,不得剥夺球员的正选和种子资格。

三、积分获得

目前职业网球比赛(除年终总决赛)都采取单淘汰赛制,球员每晋级一轮就会获得由 ATP、WTA 制定的排名规则决定的相应的轮次积分(Round Points)。赛事的规模越大、奖金越高,参赛球员的数量越多,每轮次给予的积分也就越多。

四、互为补充的两套排名系统

目前,ATP 同时使用两套排名系统实属权宜之计。因为如果完全摒弃旧的积分排名系统,将存在两个主要问题:一是如何确定种子选手,二是如何确定正选参赛资格。球员们报名参赛的资格依据的是排名顺序,如果每周的排名变动幅度都很大的话,那将很难规定参赛资格。正是顾及这两大难题,ATP 在推出简单易懂的冠军积分排名系统的同时,还建立了一个与旧排名系统颇为相似的52周参赛排名系统,来帮助赛事组织者确定正选名单和种子选手。而 WTA 则采取了较为保守的做法,暂不改动原有的排名系统。

表1　　　　　　　　　　ATP 冠军排名系统(单打)

赛事级别	冠军	亚军	半决赛	1/4决赛	第四轮	第三轮	第二轮	第一轮	总奖金
大满贯赛	200	140	90	50	30	15	7	1	
大师系列赛	100	70	45	25	15	7	1	—	
国际系列赛金组	60	42	27	15	5	3	1	—	100万欧元
国际系列赛金组	50	35	22	12	5	3	1	—	80万欧元
国际系列赛	50	35	22	12	5	3	1	—	100万欧元

续表

赛事级别	冠军	亚军	半决赛	1/4决赛	第四轮	第三轮	第二轮	第一轮	总奖金
国际系列赛	45	31	28	18	10	3	1	—	80万欧元
国际系列赛	40	28	18	10	3	1	—	—	60万欧元
国际系列赛	35	24	15	8	3	1	—	—	40万欧元

注：大师杯赛、小组赛每胜1场得20分＋半决赛获胜得40分＋决赛获胜得50分。

第十章 世界著名网球选手

一、男子网球运动员

1. 桑普拉斯（美国）

生于1971年8月12日，身高185厘米。进入职业时间1988年。在自己的职业生涯中创造了许多网坛世界第一：获胜场次世界第一；ATP排名第一的周数世界第一；历史上第一位连续6年年终世界排名第一；当选ATP年度最佳球员次数第一。曾获14个大满贯男子单打冠军。其技术全面特别是发球上网的技术打法无与伦比，绝佳的场上意识和过硬的心理素质，使其被称成为网坛一代"球王"。

2. 阿加西（美国）

生于1970年4月29日，身高180厘米。转入职业时间1986年。单打冠军头衔58个，其中大满贯冠军8个，单打最高排名第一位。阿加西从进入职业网坛后，就以其特立独行的方式展现于世人，在同时代的桑普拉斯退役后，阿加西却还是以顽强不息的精神及精湛的技艺与网坛新生代们继续抗衡着。

3. 库尔腾（巴西）

生于1976年9月10日，身高191厘米。转入职业时间1995年。单打冠军头衔20个，双打冠军8个。2000年年终大师杯冠军得主。2001年的罗兰·加洛斯·库尔腾又一次举起法网男单冠军的奖杯，从而在这片红土场地上获得了三次冠军，因此有"红土之王"的称号。反拍单手直臂击球技术堪称一绝。

4. 亨曼（英国）

生于1974年9月6日，身高185厘米。转入职业时间1993年。作为英国网球的一面旗帜,亨曼一直受到本土球迷的关爱。尽管他在赛场上的表现一贯比较稳定,每年的排名都保持在前 10 为左右,但职业生涯始终伴随着遗憾,至今未获得过一项大满贯赛事冠军。在底线型打法兴盛的当代,其一直保持着发球上网的打法。

5. 萨芬(俄罗斯)

生于 1980 年 1 月 27 日,身高 193 厘米。转入职业时间 1997 年。单打冠军头衔 11 个。2000 年在美网击败桑普拉斯后摘取了自己第一个大满贯冠军头衔。也是至今为止所获的唯一大满贯冠军。尽管萨芬有着得天独厚的身体条件和网球天赋,但其情绪化以及脾气暴躁的缺点,阻碍了其取得更多的佳绩。

6. 莫亚(西班牙)

生于 1976 年 8 月 27 日,身高 190 厘米。转入职业时间 1995 年。单打冠军 17 个。曾经入选美国《人物》杂志"世界上最帅的 50 个人"。1998 年获法网男单冠军,达到职业生涯的巅峰。无论是在红土场还是硬地赛场都取得过骄人的战绩。后受伤病的困扰难于有出色的表现。2003 年重回世界排名前 10 位。

7. 费雷罗(西班牙)

生于 1980 年 2 月 12 日,身高 183 厘米。转入职业时间 1998 年。单打冠军头衔 11 个。2000 年和 2001 年连续进入法网公开赛的半决赛,2002 年进入决赛后败给同胞科斯塔获得亚军,2003 年终于在罗兰加洛斯实现了法网冠军梦,从而也成为了红土赛场上新一代"红土王"。费雷罗有着扎实的底线击球技术,赛场上移动迅猛因此得到了"蚊子"的绰号。

8. 休伊特(澳大利亚)

生于 1981 年 2 月 24 日,身高 180 厘米。转入职业时间 1998 年。单打冠军头衔 21 个。2001 年在美网公开赛上获得冠军后成为最年轻的美网冠军。同年大师杯赛的夺魁使其年终排名第一,是 ATP 历史上最年轻的年终第一。2002 年蝉联年终排名第一的称号。曾获得 2002 年温网男单冠军。是网球新生代的代表之一。

9. 费德勒(瑞士)

生于 1981 年 8 月 8 日,身高 185 厘米。进入职业时间 1998 年。17 座大满贯男子单打冠军的纪录保持者。费德勒在还只有 19 岁的时候,被许多网坛前辈看好可在世界男子网坛做出一番成绩,而他却因为心理素质的不过硬一次次被对手打败,直到 2003 年的温网获得了第一个大满贯赛事冠军,并夺得了年终大师杯赛的冠军。2004 年的温网接连击败强劲对手夺得第二个大满贯赛事冠军。

费德勒拥有 ATP 史上最长连续单打世界第一周数(237 周,2004—2008 年),并四次获得"劳伦斯"世界体育奖最佳男运动员。

10. 罗迪克(美国)

生于 1982 年 8 月 30 日,身高 187 厘米。转入职业时间 2000 年。单打冠军头衔 11 个,双打冠军 2 个。在美国人们认为罗迪克是新一代美国网球的灵魂,期待着他能像桑普拉斯、阿加西一样成为世界网坛的佼佼者。2003 年夺得了美网公开赛男子单打冠军,获得了第一个大满贯赛事桂冠,同年夺得年终世界排名第一的荣誉。其发球凶狠,进攻犀利,发球速度在男选手中名列前矛。

11. 德诺瓦克·德约科维奇(塞尔维亚)

生于 1987 年 5 月 22 日,身高 187 厘米。2003 年转入职业球员。2008 年,首次获得澳网冠军。2011 年,获得温网和美网冠军,世界排名升至第一。德约科维奇技术相当全面。出色的一发,带有强劲旋转的二发,强大的接发球,稳定的底线相持能力,均衡的正反手,网前和高压球的处理,各项技术都十分出色。更难得的是拥有强大的抗压能力,截至 2015 年 9 月 15 日,德约科维奇已经赢得包括 10 个大满贯、24 个大师系列赛和 4 个年终总决赛在内的 54 项 ATP 单打桂冠。在 2015 年 9 月 14 日夺得个人的第 10 座大满贯奖杯之后,德约科维奇将第四次锁定年终第一的位置。

12. 拉菲尔·纳达尔(西班牙)

生于 1986 年 6 月 3 日,身高 185 厘米。2001 年纳达尔转入职业网坛;2005 年 7 月世界排名攀升至第二;2008 年 8 月首次登上世界第一。2010 年纳达尔第五次夺得法网冠军。2013 年 10 月他重返世界第一。截至 2015 年 6 月,纳达尔共获得 14 个大满贯冠军,包括 9 次法网冠军,2 次温网冠军,1 次澳网冠军和 2 次美网冠军,并获得过北京奥运会单打冠军。纳达尔是现役男运动员中两位全满贯得主之一,也是历史上男运动员中两位金满贯得主之一。

二、女子网球运动员

1. 纳芙娜蒂诺娃（美国）

生于1956年10月18日，身高173厘米。1975年进入职业网坛。是女子网坛的长青树，有网坛"女金刚"之称。曾排名世界女子单打第一，六次夺得女子单打年终总排名第一；世界女子双打第一。职业生涯曾获女子单打冠军170个，双打冠军128个。2003年在46岁时夺得了温网混双冠军，是职业生涯第58个大满贯冠军。分别夺得过四大公开赛女单、女双、混双冠军。是世界上首位在四个不同的年代都进入世界网坛排名的球员。2000年入选世界网球名人堂。

2. 格拉芙（德国）

生于1969年6月14日，身高176厘米。1982年进入职业网坛。曾获得22个大满贯单打冠军头衔，1个双打冠军。WTA单打冠军次数107次，双打冠军11次。1988年是其职业生涯的鼎盛时期，分别获得了四大公开赛女子单打冠军，因而获得了"全满贯"称号。同年在24届汉城奥运会上也夺得了网球女子单打冠军。保持世界排名第一最长时间186周。现已退出世界网坛。

3. 塞琳娜·威廉姆斯（美国）

生于1981年9月26日，身高178厘米。1995年转入职业网坛。是第12位登上WTA单打排名第1的选手，18个大满贯冠军得主，也是现役球员中（截止2015年9月20日）夺得大满贯次数最多的女子选手。她囊括了所有赛事类型冠军的大满贯（奥运会、WTA年终总决赛以及WTA 2009年改革以来实行的国际巡回赛，顶级巡回赛，超五系列赛，皇冠赛）。2015年4月27日，女单世界排名第一。2015年4月28日，小威廉姆斯超越埃弗特列历史第三。其近似于男子选手的力量型打法，给世界女子网坛到来了前所未有的冲击，注入了新的打法理念。

4. 维纳斯·威廉姆斯（美国）

生于1980年6月17日，身高185厘米。1994年转入职业网坛。单打冠军头衔31个，双打10个。加入职业网坛后就与妹妹小威廉姆斯在世界网坛刮起了一股"黑旋风"，其强劲的进攻态势无坚不催，磨灭了世界女子网坛许多优秀选手。2000年获得温网、美网女子单打冠军；2001年蝉联这两项赛事女单冠军。2002年温网、美网分别败在妹妹小威的手下而只夺得了亚军。2003年的温网、澳网重演了2002年的结局,大威又与冠军擦肩而过把冠军的奖杯拱手交给了妹妹。

5. 海宁(比利时)

生于1982年6月1日,身高167厘米。1999年转入职业网坛。单打冠军头衔18个,双打2个。2001年第一次进入大满贯赛事的半决赛,同年的温布尔顿网球公开赛成为第一个进入女单决赛的比利时人,并获得了亚军。2003年第一次获得大满贯赛事冠军——法国网球公开赛女单冠军。同年又获得温布尔顿网球公开赛女单冠军。并夺得年终第一的荣誉。2004年获得澳大利亚公开赛女单冠军。充沛的体力顽强的斗志加之反拍单手击球的攻击性,使其在强手如林的女子网坛占得了一席之地。

6. 克里斯特尔斯(比利时)

生于1983年6月8日,身高173厘米。1998年转入职业网坛。与海宁被称为"比利时双姝"。单打冠军头衔19个,双打冠军11个。2002,2003年两次获得WTA年终总决赛冠军。力量与技术相结合的打法,使其任何技术都很均衡的发展,强有力的底线攻击及移动迅速的步法,还有一流的网前技术,在任何场地上都无明显的缺陷。2005年美国网球公开赛收获个人首座大满贯奖杯,2009、2010年再次获得美国网球公开赛单打冠军,斩获2010年澳大利亚公开赛单打桂冠,并成为20世纪80年代后第一位赢得大满贯冠军的女子选手。

7. 卡普里亚蒂(美国)

生于1976年3月29日,身高174厘米。1990年转入职业网坛。单打冠军头衔14个。1992年巴塞罗那奥运会女单金牌获得者。卡普里亚蒂十几岁时就步入了职业网坛,并引起了网坛的关注,但随后由于某些原因使其一段时间离开了世界网坛。2000年重回世界网坛并在澳网中闯进半决赛。2001年先后夺得澳网和法网女单冠军,2003年蝉联澳网女单冠军。曾获第三届劳伦斯世界体育奖"最佳女运动员奖"。

8. 辛吉斯(瑞士)

生于1980年9月30日,身高170厘米。1994年转入职业网坛。1997年年仅17岁时获得澳大利亚、美国公开赛冠军和法国网球公开赛亚军,世界排名升至第一位,取代了格拉芙成为新的"网球女皇"。其职业生涯战绩辉煌,曾连续80周排名世界女子第一;1998年成为历史上第四位赢得全部四个大满贯双打冠军的女选手;曾成为历史上第一位单、双打同时位列世界第一的选手。辛吉斯是属于技术型的选手,底线大角度的抽球及灵巧的控制击球的落点,被称为用"脑"打球的人,其头脑弥补了身体上的劣势。由于受严重的伤病困扰,在22岁的黄金时代不得不告别世界网坛。

9. 塞莱斯(美国)

出生于1973年12月2日,身高179厘米。1989年转入职业网坛。是原南斯拉夫的匈牙利裔美国籍女子职业网球运动员,为第6位登上WTA单打排名第1的选手。她是九届大满贯冠军得主,也是1991年、1992年和1995年的年终第一。塞莱斯为人熟知的特点是她独特的双手握拍攻击,以及贯穿全场的震天叫声。她最巅峰时期是在1991年和1992年,这2年内;她每年均连夺澳网、法网和美网三项大满贯和WTA年终赛共10项WTA单打锦标,至今个人WTA单打生涯获胜率接近83%。于2008年退役,2009年入选国际网球名人堂。

10. 李娜(中国)

1982年2月26日出生,中国女子网球选手。1999年转为职业选手。2011年在澳大利亚网球公开赛打进个人第一场大满贯单打决赛,夺得女单亚军。同年在法国的巴黎西部蒙特高地的罗兰·加洛斯体育场内,获得法网女单冠军。成为有史以来第一个获得大满贯网球赛事冠军的亚洲人,也是第一个世界排名前四的亚洲网球选手。李娜的技术特点是正反手能力均衡,正手能力曾被比利时网球名将克里斯特尔斯称为"世界前五水准",真正的杀手锏是她的反手,反手进攻的力量十足,2014年1月25日,在澳网公开赛中决赛中以7∶6、6∶0战胜齐布尔科娃,夺得个人第二个大满贯冠军,成为澳网百年历史上第一位夺冠的亚洲人。2014年9月18日,李娜正式宣布退役。

附录 1
中国网球运动员技术等级标准

1. 国际级运动健将

凡符合下列条件之一者,可申请授予国际级运动健将称号。

(1) 在奥运会上,获得单打前八名、双打前四名的运动员。

(2) 在联合会杯、戴维斯杯世界组决赛中获得前三名的主力运动员(上场率应占三分之二,取胜占上场次数的三分之二)。

(3) 世界排名前十六名的运动员。

2. 运动健将

凡符合下列条件之一者,可申请授予运动健将称号。

(1) 在亚运会上获得单打、双打、混双前三名的运动员(包括并列第三名),获得团体前三名的主力运动员(上场率应占三分之二,取胜占上场次数的三分之二)。

(2) 在亚洲锦标赛上获得单打、双打、混双前三名的运动员(包括并列第三名)。

(3) 在世界大学生运动会上,获得单打、双打前三名的运动员。

(4) 在世界青年杯团体决赛中获得前三名的主力运动员(上场率应占三分之二,取胜占上场次数的三分之二)。

(5) 在全国巡回赛年终总排名中,单打前三名、双打冠军的运动员。

(6) 在全国总决赛中,单打冠亚军,双打、混双冠军的运动员。

(7) 在全运会上,获得单打、双打、混双前三名的运动员,团体前三名的主力运动员(上场率应占三分之二,取胜占上场次数的三分之二)。

3. 一级运动员

凡符合下列条件之一者,可申请授予一级运动员称号。

(1) 在全国巡回赛年终总排名中单打第四至十六名、双打第二至八名的运动员。

(2) 在全国团体锦标赛中,前三名除授予运动健将外的其他运动员和获得团体四至八名的主力运动员。

(3) 在洲际青少年(十个以上国家参加)的比赛中,获得各项前三名的运动员。

(4) 在全国青少年巡回赛年终总排名中,单打前八名、双打前四名的运动员。

(5) 在全国青少年团体赛中获得前二名的主力运动员(上场率应占三分之二,取胜占上场次数的三分之二)。

(6) 在全大学生比赛中,获得单打前二名的运动员。

4. 二级运动员

凡符合下列条件之一者,可申请授予二级运动员称号。

(1) 在全国青少年团体比赛中获得第三至八名的主力运动员。

(2) 在全国青少年巡回赛年终总排名第九至十六名主力运动员。

(3) 在省、市、自治区举办的各系统比赛中,获得单打前六名,双打前三名的运动员。

(4) 在省、市、自治区举办的青少年比赛中,获得单打、双打前三名的运动员。团体冠军的主力队员。

(5) 在全国大学生比赛中,获得单打第三至十六名,双打前五名的运动员。

5. 三级运动员

凡符合下列条件之一者,可申请授予三级运动员称号。

(1) 在省、市、自治区举办的各系统比赛中,获得单打七至十六名、双打四至八名的运动员。

(2) 在地(市)级比赛中,获得单打前六名、双打前二名的运动员。

(3) 在不少于二十名运动员参加的正式比赛中,获得单打、双打前三名的运动员;参加比赛的运动员每增加十人。申请者可以多三个名次。

(4) 在地(市)级青少年比赛中,获得单打前四名的运动员。

(5) 获得短式网球九级称号的运动员。

6. 少年级运动员

年龄在十二周岁以下,凡符合下列条件之一者,可申请授予少年级运动员称号。

(1) 代表地(市)参加省、区、市以上少年比赛的运动员。

(2) 凡在不少于二十名少年运动员参加的正式比赛中,获得单打前二名的运动员。

(3) 获得短式网球八级、七级称号的运动员。

附录 2
网球分级标准

1.0——网球初学者(包括第一次打网球的人)。

1.5——打球时间不长,还只顾得上把球来回打起来。

2.0——有很明显的打球弱点,但是已熟悉了基本单打和双打的位置。

2.5——仍在学习判断球的去向,球场的防守尚弱。可以和同程度的球员做短暂的慢速对打。

3.0——可以相当稳定地打出中等速度的球,但对各式的击球仍无法自在地运用,并且在方向、深度与力量上都缺乏控制性。

3.5——击球的稳定性已提升,对于中速度的球能有方向的控制,但击球仍然缺乏深度与变化。

4.0——拥有可靠的击球动作,包括在打出中速度的正、反拍时皆能有方向的控制与深度,加上有使用高吊球、高压球、上网截击的能力,并且皆能有些许的成功。

4.5——开始能够驾驭力量与旋转的运用,并开始能够应付球速,有良好的步法、可以控制击球的深度,并且在面对不同的对手时,开始有改变作战策略的能力。可以打出具有力量与准确性的第一发球,并且第二发球能够打在所要的位置。

5.0——拥有良好的预测力,并且可以经常打出很杰出的好球,或有极佳的稳定性可以经常打出致胜球,或在处理对手打来的短球时能经常让对手犯下受迫性失误,并且能截杀对手的截击,成功地打出高吊球、小球、半截和高压扣杀,并且大部分的第二发球具有良好的深度与旋转。

5.5——已经将力量和/或耐力培养成主要的武器。能在正式的比赛中改变战略或打球风格并在备受压力的情况下打出可靠的球。

6.0—6.5——一般而言已经不需要(美国网球等级标准)的评分等级。

6.0——球员已具有地区和/或全国的排名。
6.5——球员有广泛的卫星赛经验。
7.0——世界级选手,球员主要以比赛的奖金谋生。

参考文献

[1] 李海,史芙英.网球入门教学[M].北京:人民体育出版社,2007.

[2] 陶志翔.网球运动教程[M].北京:北京体育大学出版社,2007.

[3] 尼克·波利泰里尼.波利泰里尼网球手册[M].陈毕欣,译.北京:人民体育出版社,2008.

[4] 唐小林.网球运动教学与训练[M].北京:人民体育出版社,2007.

[5] 王希升,王亚乒.网球打法与战术[M].北京:人民体育出版社,2001.

[6] [美]美国网球协会.网球成功教学[M].北京:北京体育大学出版社,2007.

[7] 刘青.我国网球女双系统分析与策略[M].成都:电子科技大学出版社,2006.

[8] 国家体育总局青少年体育司.中国青少年网球训练教学大纲[M].北京:北京体育大学出版社,2012.

[9] 保罗·勒特尔.世界一流网球技术[M].刘文娟,崔建强,董保健,译.北京:北京体育大学出版社,2008.

[10] 刘宝海,徐中明.网球运动指南[M].山东:山东科学技术出版社,1991.

[11] 柯克·安德森.网球技术与战术的执教技巧[M].赵苏娇,译.北京:人民体育出版社,2012.

[12] 燕成.现代网球[M].北京:北京体育大学出版社,1991.

[13] 保罗-亨利·马修.跟大师学网球[M].治棋,译.北京:电子工业出版社,2013.

[14] 刘吉.中国网球运动史[M].武汉:武汉出版社,1999.